KB046918

# 황금꽃의 비밀

# 황금꽃의 비밀

Das Geheimnis der Goldenen Blüte C.G.Jung · R.Wilhelm

카를 구스타프 융 · 리하르트 빌헬름 지음 | 이유경 옮김

문학동네

## 일러두기

1. 이 책의 번역 저본은 스위스의 발터 출판사(Walter-Verlag)에서 발간한 *Das Geheimnis der Goldenen Blüte: Ein chinesisches Lebensbuch*(제14판, 1981)이다.

2. *Das Geheimnis der Goldenen Blüte*는 중국의 도교 경전 『태을금화종지太乙金華宗旨』를 독일어로 번역하고 해설한 책이다. 중국어학자이자 신학자인 리하르트 빌헬름이 번역을 맡았고, 정신의학자인 카를 구스타프 융이 해설을 맡았다.

3. 이 책 제목의 번역은 기본적으로, 번역 저본인 *Das Geheimnis der Goldenen Blüte*를 가리킬 때는 『황금꽃의 비밀』로, 원전인 중국의 도교 경전 『太乙金華宗旨』를 가리킬 때는 『태을금화종지』로 했다. 단, 그 구분이 명확하지 않은 때에는 상황에 따라 적절히 혼용했다.

4. 이 책의 주석에서 언급되는 '전집'이란, 전 20권으로 발간된 융의 전집을 말한다. 발터 출판사와 미국 프린스턴 대학교 출판부 등에서 펴냈다.

5. 본문 중 고딕체는 원서에서 이탤릭체로 강조한 부분이다.

명상을 준비하기 위해
이 라마교식 금강 만다라를 관조하라

|제2부| 빛헬름의 원문 번역 및 주해

옮긴이 서문

이 책은 중국의 도교 경전『태을금화종지太乙金華宗旨』에 대한 카를 구스타프 융Carl Gustav Jung의 해설과 리하르트 빌헬름Richard Wilhelm의 번역으로 이루어져 있다. 융의 해설은 전 20권으로 묶인 그의 전집 중 제13권에도 소개되어 있다. 일반적으로 보자면 빌헬름의 텍스트 번역이 먼저 제시되고, 융의 해설이 뒤에 나와야 할 것 같으나, 여기서는 융의 해설이 먼저 제시되고, 그다음에 빌헬름의 텍스트 번역이 위치한다. 이는『태을금화종지』의 텍스트 자체가 이해하기 어렵다는 점을 반영한 것이기도 하겠지만, 그보다는 융의 해설이 더 많은 주목을 받아왔기 때문에 자연스럽게 그 순서가 유지된 듯하다.

빌헬름(1873~1930)은 중국어학과 신학을 전공하고 중국에 선교활동을 하러 갔으나, 오히려 중국 사상에 매료되어 도교적 수행의 가르침을 배우고 직접 실천했던 사람이다. 그래서 그는 중국 정신을 서양에 알리는 유

8                                                       황금꽃의 비밀

럽인 중 한 사람이 되었다. 그는 『역경易經』을 독일어로 번역하고, 직접 『주역周易』을 풀이할 수 있을 만큼 해박한 지식을 갖고 있었다. 한편 융은 일찍부터 『역경』에서 다루는 현상의 변환이 비인과적 관점에 기초하고 있다는 점에 주목하고 있었다. 이는 집단무의식의 원형들이 현상적으로 드러날 때 비인과적, 즉 동시성적 사건으로 드러난다는 사실과 일치하기 때문이었다. 융은 빌헬름으로 하여금 스위스 취리히의 심리학 클럽에서 『주역』에 관한 강의를 하도록 주선하기도 하였고, 학문적 견해를 주고받으면서 서로 친밀한 관계를 가졌다. 1930년에 세상을 떠난 빌헬름의 추모제에서 융이 그에 대한 추도사를 맡게 될 정도로 두 사람의 친분은 두터웠다. 그 추도사는 이 책에 실려 있다. 추도사에서 융은 빌헬름이 유럽인으로서 대단히 겸손한 자세로 동양의 사상에 접근하여, 동양의 정신을 남다른 깊이로 수용할 수 있었다고 회상하였다. 빌헬름은 동양인 자신들도 도달하기 어려운 수준의 동양 정신을 섭렵하였고, 그것을 유럽인들에게 전달하였던 것이다. 그러나 동양 사상에 대한 그의 지나친 겸손함은 자신의 뿌리인 유럽적 인격의 희생을 가져왔고, 그래서 생의 마지막에 그 뿌리가 다시 살아나서 오랫동안 동화해온 동양적인 것과 심한 갈등을 야기하였으므로, 그에 따른 심한 심적 고통을 겪어야 했다. 말하자면 근원적인 유럽적 정신을 복구하기 위하여, 그간 동양적인 것과 동화해온 의식적 태도를 부정하는 파괴적 환상들이 생겨나 그를 압도하였던 것이다. 그래서 융은 텍스트에 대한 해설에서도, 서양인이 동양의 정신 수행을 비판 없이 수용하거나 동화하는 것을 주의하도록 거듭 강조하고 있다.

　빌헬름은 학문적 교류를 통하여 융이 동양 사상을 현대심리학으로 설명할 수 있을 것이라고 판단했기 때문에, 『태을금화종지』를 번역하면서 융에게 이 텍스트를 심층심리학적으로 어떻게 이해할 수 있을지 해설해 달라고 청하였다. 이로써 『황금꽃의 비밀*Das Geheimnis der Goldenen Blüte*』이 라는 단행본이 탄생하게 되었다. 융이 서문에서 밝히고 있듯이, 그는 빌 헬름이 보내준 『태을금화종지』를 통해, 무의식적 정신이 자신의 고유한 활동을 펼치고 궁극적으로는 인격적 실현을 목표로 한다는 사실을 확신 하기에 이르렀다. 이러한 내용은 프로이트와 달리 일찍부터 자아와 무의 식의 관계를 다루고 있었던 연구 작업의 결실이었다. 같은 심층심리학을 탐구하지만, 프로이트는 무의식의 내용을 성의 주제나 부정적 부성상에 기초한 것들로 제시하였다. 무의식적 정신이 갖는 인격의 자기 성장적 내 용을 간과하고 있었던 것이다. 융은 무의식적 정신이야말로 개별 인격의 기초가 될 뿐 아니라, 자아를 신성으로까지 끌어올릴 수 있게 하는 실제 적 정신 영역임을 확인하였다. 융은 이러한 자아와 무의식의 관계에서 일 어나는 인격의 변환에 관한 내용들을 전全인격적 변화 및 자기실현이라는 내용으로 구체화하였다. 그러나 이러한 개별 인격적 변화에 관한 내용은 서양의 기독교적 전통에서는 다룰 수 없는 것이었다. 왜냐하면 기독교적 전통에서는 개별 인간이 신성에 도달하는 내용이 있을 수 없기 때문이다. 융은 『태을금화종지』를 접하고 나서, 자신의 연구에서 도달하게 된 무의 식적 정신의 현상에 관한 내용이 결코 허황한 것이 아님을 비로소 인식하 게 되었다. 동양에서는 언제나 개별 인간이 신성에 도달할 수 있다는 가 르침을 바탕으로 정신 수행을 실천해왔기 때문이다. 융은 이전까지 그노 시스적 문헌에서 막연하게 자신의 생각을 전거할 내용들을 찾고 있다가,

『태을금화종지』를 접하고서야 비로소 서양의 연금술에 눈을 돌리게 되었고, 마침내 자신의 심리학의 뿌리가 서양의 연금술에 있음을 밝히게 되었다. 서양의 연금술사들도 인격의 변환을 목적으로 물질을 가지고 작업을 하였던 것이다. 다만 서양의 연금술사들은 무의식적 정신을 외부의 물질에 투사하여 물질의 결합이나 변화로서 다루었다는 차이가 있을 뿐이다.

　동양의 연금술은 『도덕경』과 『역경』에서 비롯된다. 정신적 수행의 내용은 도가적 가르침에 기초하지만, 인격의 변화를 다루는 현상적 측면은 언제나 팔괘에 기초한 괘상卦象으로 설명되어왔기 때문이다. 예를 들어 감괘(☵)는 음 속에 양을 감추고 있고, 이괘(☲)는 양 속에 음을 감추고 있다고 함으로써, 겉으로 드러난 현상의 이면에 대극적 요소가 있음을 가르친다. 이런 괘상의 대극적 관계를 고려하여 근원적인 것을 회복하도록 유도한다. 구체적으로 개인적 실천적 작업에서 일어난 인격의 변화를 다루는 내용들은 후대의 도교적 연금술사들에 의하여 다양하게 작성되었다. 대표되는 연금술서로는 당 시대 위백양의 『참동계』, 여동빈의 『태을금화종지』 등이 있고, 11세기 장백단의 『연단술』, 그리고 18세기 유화양의 『금성증론』 『혜명경』 등이 있다. 여기서 빌헬름이 소개한 텍스트는 여동빈의 『태을금화종지』이다. 그는 이 텍스트의 원문을 문자 그대로 번역한 게 아니라, 내용을 현대적 심성으로 이해하여 번역하였다. 이 책에 실린 부분은 전체 텍스트 중 8장까지에 해당한다. 아마도 빌헬름은 9장 이하를 후대의 첨삭으로 여기거나 불필요한 부분으로 간주한 것 같다. 이 부분에는 여동빈의 가르침에 유불선을 통합하여 가르치던 전진교全眞教적 정신 수행의 내용이 반영되어 있다. 독자께서는 이를 참고하길 바란다.*

무엇보다 융이 『태을금화종지』에서 주목한 점은, 동양인들은 내향적 태도를 가지고 있어서 집단무의식인 객관정신을 내적인 정신의 활동으로 경험할 수 있다는 사실이었다. 이는 서양인들이 객관정신을 외부에 투사하여 객체와의 관계로서 경험하는 외향적 태도와는 다른 것이다. 서양인으로서 동양의 정신 수행이 도달하고자 하는 상태에 이르려면, 먼저 주변의 대상이나 사람들과의 '신비적 참여'의 상태에서 벗어나야 한다. 이는 대상의 마술적 영향력으로부터 벗어나기 위하여 대상으로부터 관심을 철회하고, 자신의 본성에 귀를 기울이는 내향적 태도를 갖는 것에 해당한다. 외부에서 철회된 정신의 활동이 내면에서 자아와 관계를 맺게 되면, 자아의식은 변화를 맞이하여 마침내 인격의 재탄생을 경험할 기회를 갖게 된다. 이로써 동양의 연금술에서 소개하는 미묘체 혹은 금강체, 즉 정신적 몸체의 생산이 가능해진다. 이런 내용은 결코 형이상학적 작업이 아니다. 현대심리학으로도 설명 가능하고 실현 가능한 것이다. 융은 이것을 동양 수행의 궁극 목적인 도道, 분석심리학적으로는 자기Selbst라고 한다.

또한 융은 동양인들이 정신을 의식으로만 보지 않고, 본능적 측면도 포함시키고 있다는 점을 가장 중요한 내용으로 간주하였다. 정신을 지성적

---

\* 국내에 발간되어 있는 『태을금화종지』(여강출판사)는 융과 빌헬름의 독일어판 원본인 『황금꽃의 비밀Das Geheimnis der Goldenen Blüte』이 아니라, 이를 영어로 옮긴 The Secret Of The Golden Flower 및 이 영어판을 다시 일본어로 옮긴 『黃金の華の秘密』를 대조·검토하여 번역했다고 한다. 이 가운데 일본어판은 독일어판과 달리 『태을금화종지』의 중국어 원문 및 그 번역이 제시되어 있다. 그래서 빌헬름이 제외시킨 9장 이하의 원문을 참고할 수 있다. 일본에서 번역될 당시 일본 융학과 정신분석가들이 원문을 소개할 것을 제안하여 이루어진 것이라고 한다. 옮긴이도 여동빈의 원문을 위의 번역본에서 참고하였음을 밝혀둔다.

활동으로만 보지 않고, 다른 정신의 활동, 소위 현대의 심리학이 무의식이라 부르는 여성적인 것, 어두운 것, 모호한 것, 대지적인 것을 포함시키려는 높은 문화적 인식을 지녔다고 본 것이다. 이러한 사실은 중국 연금술에서 성性과 명命을 통합하려는 작업에서 드러난다. 융은 성과 명을 현대의 심리학에서 의식과 생명에 해당하는 것으로 보았다. 개별 인격의 실현은 동양의 연금술이 밝히듯이, 의식의 의도에서 비롯되는 것이 아니라 생명의 원리에 따르는 것이다. 따라서 성과 명의 결합은 본능이 펼치는 생명력의 방향성에 의식의 빛이 함께하는 것을 의미한다. 그리고 동양적 방식의 자아의식과 무의식의 결합, 즉 대극의 합일을 의미한다.

그 밖에 융은 해설에서 만다라의 형상에 관한 내용을 다루고 있다. 만다라는 대극의 합일에서 등장하는 자기의 상징으로, 동양과 서양 모두에서 볼 수 있는 현상임을 지적하였다. 그래서 융은 자신뿐 아니라, 자신이 치료하던 환자들에게서 등장했던 만다라 형상을 소개하고 있다. 이로써 만다라가 동양과 서양의 차이를 넘어서, 인간의 보편적 심성에 기초한 원형적 심상, 그것도 의식과 생명이 하나로 통합되어 드러나는 합일의 상징임을 제시하고 있다. 이 텍스트를 읽는 현대의 동양인인 우리는 어쩌면 서양인의 입장이 되어야 할지도 모른다. 왜냐하면 우리도 더이상 내면에서 객관정신을 경험하기 어렵게 되었기 때문이다. 이제 우리도 어쩔 수 없이 현대심리학으로 동양의 연금술을 이해하게 된다.

분석심리학연구소에서
이유경

제2판 서문

이 책의 공동 발행인은 나의 절친한 친구 리하르트 빌헬름이다. 그는 1928년 『태을금화종지太乙金華宗旨, *Das Gebeimnis der Goldenen Blüte*』를 나에게 보냈다. 당시 나는 연구 작업에서 상당한 성과를 거두었음에도 불구하고 어려움을 겪고 있었다. 1913년 이후로 줄곧 집단무의식의 과정에 관한 연구에 몰두하고 있었고, 마침내 그것을 거론할 가치가 충분히 있다고 판단할 어떤 결과에 이르렀다. 그러나 그 결과들은 소위 '아카데미' 심리학으로 알려진 것과는 거리가 멀 뿐 아니라, 또한 의학심리학, 개인심리학의 경계를 넘어서는 것이었다. 그것은 지금까지 잘 알려진 범주의 진술이나 방법론이 더이상 적용될 수 없는 여러 현상들을 다루는 것이었다. 15년 동안 공들인 내 연구의 결과들은 허공에 내걸린 것 같았다. 왜냐하면 그 것과 비교 가능한 것은 어디에도 없었기 때문이다. 그것은 인간적 경험의 영역으로 간주될 수 없는 것이었다. 그래서 그것에 대한 나의 연구 성과

황금꽃의 비밀

를 보증받을 수가 없었다. 나는 여러 유사한 사실들을 시간적으로 서로 동떨어져 있는 이교도론Häresiologen의 영역에서 찾아 헤매고 있다는 것을 알고 있었다. 그러한 서로의 관계를 알고 있다고 해서, 그것이 결코 내 과제의 짐을 덜어주지는 않았다. 오히려 그것이 어려움을 더해주는 것 같았다. 왜냐하면 주목하고 있었던 그노시스적 체계는 직접적 심혼적 경험을 거의 다루지 않고, 대부분은 사변적이거나, 체계화를 위한 작업으로만 이루어져 있기 때문이었다. 그 밖에도 우리 서양인은 그에 관한 상세한 텍스트를 갖고 있지 않으며, 잘 알려진 텍스트조차도 대부분 이교도에 반대하는 기독교도의 보고들이었기 때문에, 나에게 그것은 거의 통찰할 수 없는, 혼란스러운, 낯선 문헌들의 내용이나 역사에 대한 불충분한 지식이 될 뿐이었다. 이런 영역에 도움을 구한다는 것은, 대략 1700년이나 1800년 정도의 시간적 간격을 감수해야 하는 일이었다. 더구나 그 관계들은 대부분 주변적 특성들이었는데, 바로 그것들이 나로 하여금 그노시스적 자료들을 사용할 수 없게 하는 결정적 결함이었다.

위와 같은 곤란함에 처해 있을 때 빌헬름이 나에게 보낸 텍스트가 도움이 되었다. 그 텍스트는 내가 오랫동안 그노시스파에서 찾고자 했던 바로 그것을 갖고 있었다. 텍스트는 내 연구의 아주 본질적인 결과들을 잠정적 형식으로나마 공식적으로 발표할 수 있는 기회를 제공해주었다.

당시의 나는 『태을금화종지』가 중국 요가인 도가道家의 텍스트의 하나일 뿐 아니라, 또한 연금술적 소책자라는 사실을 중요하게 인식하지 못했다. 그 이후에 나는 라틴어로 된 연금술 책자들을 연구함으로써 연금술에 관한 내용을 알게 되었다. 그러고서야 이 텍스트에서는 연금술적 특징이 가장 본질적이라는 사실을 알아차리게 되었다. 여기서 새삼 그것을 더 다루지는 않겠다. 다만 『태을금화종지』는 나에게 제대로 연금술의 자취를 찾도록 해준 텍스트였다는 것만은 밝혀야겠다. 왜냐하면 중세 연금술에서 우리는 오늘날 인간에서 관찰되기도 하는, 오랫동안 찾고 있었던 그노시스와 집단무의식의 과정 간의 연결고리를 갖게 되었기 때문이다.[1]

나는 교양 있는 독자가 이 책을 강독할 때 오해하게 될 것에 대비해, 주의할 점을 미리 지적해두고 싶다. 사람들은 흔히, 공식적 발표의 목적은 독자에게 방법론을 만족시킬 수 있게 손에 쥐여주는 것이라고 말한다. 그렇게 생각하는 사람들은—내가 이 책의 해설에서 말한 것 모두를 오해함으로써—중국 텍스트의 '방법론Methode'을 모방하려고 시도해왔다. 정신적으로 깊이를 가진 사람들이라면 적어도 그러지 않기를 바란다.

그 밖의 다른 오해는, 내가 이 책 해설에서 나의 정신 치료 방법론을 기술하고 있다고 주장하는 경우이다. 내가 나의 환자들에게 치료를 위하여 동양적인 표상들을 제안했다고 하는 것이다. 그러나 나는 이 책 해설을 통해서 그와 같은 미신적인 것에 대한 어떤 동기도 제공한 적이 없었다. 그런 주장들은 어떤 경우든 잘못된 것이고, 지나치게 확대 해석한 것에 기인한다. 심리학이 정해진 목적을 위해 고안된 것이고 경험 학문은 아니라고 주장하는 것이다. 또한 집단무의식의 이념이 '형이상학적 Metaphysisch'이라고 하는 피상적이고 비지성적인 주장도 이 범주에 속한

---

1 자세한 내용은 내가 1936년과 1937년에 *Eranos-Jahrbuch*에 발표한 두 개의 논문에서 확인할 수 있다. 이 자료는 나의 저서 *Psychologie und Alchemie*(제2판, 1952)의 제2장과 제3장에 해당한다.

다. 하지만 심리학은 본능의 개념에 비교할 수 있는 그런 경험적empirisch 개념을 문제삼고 있는 것이다. 그것에 주의를 기울여 읽는 사람이라면 더 설명하지 않아도 이해하게 될 것이다.

나는 제2판에 1930년 5월 10일 뮌헨에서 열린 빌헬름 추모제에서 읽었던 추도사를 첨가하였다. 그것은 1931년 영어판에 공식적으로 발표되었다.[2]

카를 구스타프 융

---

2  *The Secret of the Golden Flower*, Kegan Paul, Trench, Trubner and Co., London, 1931.

# 리하르트 빌헬름을 추모하며[1]

카를 구스타프 융

신사 숙녀 여러분!

리하르트 빌헬름과 그의 업적에 관해 이야기하는 것은 그리 쉬운 일이
아닙니다. 우리는 유성같이 서로 아득히 멀리서 다른 길을 가다가 마주친
사이이기 때문입니다. 여러분은 내가 빌헬름을 사귀기 전에 이미 그를 잘
알고 있었을 것입니다. 그의 필생의 작업은 내가 평가할 수 없는 엄청난
범위의 것입니다. 또한 나는 그가 오랫동안 머물렀던 중국이라는 곳을 한
번도 가본 적이 없습니다. 더욱이 나는 중국적 동양 정신이 잘 드러나 있
는 중국어도 제대로 구사하지 못합니다. 이와 같이 빌헬름은 그 영역의
전문가로서 관여한 반면, 나는 그 거대한 학문 및 경험 영역에서 벗어난

---

[1] 1930년 5월 10일 뮌헨에서 열린 리하르트 빌헬름 추모제의 추도사.

이방인이었습니다. 만약 그가 중국어학자로서 그리고 나는 의사로서 각자 자기 분야의 전문가라는 지점에만 머물렀다면 결코 서로의 마음을 움직이지 못했을 것입니다. 하지만 우리는 학문의 경계선을 넘어 인간이라는 영토에서 만났습니다. 거기가 우리의 접점이었습니다. 그곳은 내 생애에서 매우 의미 있는 체험 중 하나라고 해야 할 곳, 바로 정신의 빛이 점화되어 불꽃이 활활 타오르던 곳입니다. 이 체험 때문에 나는 빌헬름과 그의 업적에 대해 무엇인가 이야기할 수 있을 것입니다. 동양과 서양 사이에 다리를 놓았으며, 어쩌면 그 자체 몰락하도록 방치되어 있었던 천년 문화의 귀중한 유산을 서양에 제공하려던 그의 정신이 가진 경외스러움에 감사하며, 이제 나는 이 연설을 시작하고자 합니다.

빌헬름에게는 자기 전문 분야를 정복한 자만이 가지고 있는 대가다움이 있습니다. 그에게 학문은 인류의 문제였습니다. 새삼스럽게 인류의 문제가 되어버린 것이 아니라, 처음부터 그랬고, 언제나 그랬습니다. 우리의 영혼 속에는 자신을 위한 보물이 감추어져 있음을 감지하고, 이러한 귀중한 진주를 위하여 자신의 유럽적 선입견을 기꺼이 벗어던져야 한다는 신비스러운 심혼의 비밀을 그가 몰랐다면, 도대체 어떤 다른 것이 그로 하여금 유럽적인, 더구나 선교사의 편협한 시야로부터 벗어나게 하였겠습니까? 그것은 일체를 포괄하는 보편적 인간성이며, 전체의 크기를 감지하는 열린 마음이 있었기에 가능하였습니다. 바로 그런 것들이 그로 하여금 아주 낯선 정신을 대할 때 무조건 마음을 열게 했으며, 그의 심혼 안에 있는 여러 재능과 능력이 여기에 합류하게 하는 데 기여하였습니다. 모든 기독교적 적개심을 넘어서서, 유럽의 온갖 오만불손을 넘어서서, 그가 보여준 완전한 헌신 그 자체만으로도 이미 그가 아주 남다른 정신을 지녔음이 증명됩니다. 왜냐하면 일반적으로 평범한 사람들은 모두 맹목적인 자기 뿌리의 상실 상태이거나 혹은 불손하리만큼 몰이해적 비난을 습관적으로 함으로써 본질에서 이탈하기 때문입니다. 그들은 외국 문화를 단순히 피상적이거나 외형적인 것으로만 취급한 채 낯선 문화의 빵이나 술은 취하지 않았습니다. 그렇게 해서는 새로운 탄생을 준비하고 있는 가장 내밀한 수혈과 침투인 영적 친교가 결코 이루어지지 못합니다.

일반적으로 전공자는 단순히 남성적인 정신, 즉 지성의 소유자입니다. 그는 수태를 낯설고 부자연스러운 과정으로 여깁니다. 지성은 낯선 정신을 개조하여 출산하기에는 이상할 정도로 부적합한 도구입니다. 그러나 좀더 성숙한 사람들은 여성적인 특징들을 지니고 있습니다. 그래서 낯선 것을 익숙한 형상으로 개조할 정도로 수용해서 수태할 수 있는 자궁을 갖추고 있습니다. 빌헬름에게는 보기 드물게 이런 정신적 모성성에 해당하는 카리스마가 있었습니다. 이제까지 동양의 정신에 경계 없이 감정이입을 한 것도 그 정신적 모성성의 카리스마 덕분입니다. 동양의 정신에 감정을 이입함으로써 그는 탁월한 번역을 할 수 있었습니다.

그의 업적 중 가장 위대한 것으로 『역경易經』[2]을 번역하고 주해를 가한 작업을 들 수 있습니다. 나는 빌헬름의 번역을 만나기 전 수년간 레게

---

**2** 빌헬름은 『역경』을 독일어로 번역하고 주해를 달아 *I Ging. Das Buch der Wandlungen* (Jena, 1923)으로 출간했다.

James Legge[3]의 어려운 번역으로 작업을 하였기 때문에 차이가 크다는 점을 잘 알고 있습니다. 수많은 중국학자들뿐 아니라, 근대 중국인 자신들조차도 부조리한 주문들을 모아놓은 책으로 취급했던 이 고전을, 빌헬름은 생명이 있는 형태로 새롭게 부활시켰습니다. 이 책은 중국 문화의 정신이 어떠한지를 보여주는 최상의 작품입니다. 중국 최고의 석학들이 수천 년 동안 이 책을 공동 연구하였고 이해에 공헌해왔습니다. 믿을 수 없을 만큼 오래되었음에도 불구하고 이 책은 결코 진부하지 않습니다. 오히려 그 의미를 이해하는 몇몇 사람들에게는 여전히 살아 있으며 영향을 미치는 것입니다. 우리도 빌헬름의 창조적인 작업 덕분에 같은 특혜를 받게 되었습니다. 그는 한편으로 중국의 전통 있는 학파에 속한 대가의 제자로서, 번역 작업을 면밀하게 했을 뿐만 아니라, 다른 한편으로는 중국의 도가 수련의 제자로서『역경』의 실제 적용이 항상 원기를 회복하는 체험이었던 자신의 인격적인 경험을 반영하여 이 책을 우리와 친해지게 하였습니다.

그러나 이런 모든 풍부한 재능을 지닌 빌헬름은 우리에게 과제도 부여하였습니다. 지금 우리는 어쩌면 그 과제에 관해 대강의 범위를 예감할수는 있지만 여전히 확실하게 통찰할 수 없습니다. 나처럼 빌헬름과 정신적인 교류를 통하여『역경』의 신성한 힘을 경험할 수 있었던 극소수 행운아들은, 우리 서양인의 정신적 태도를 근본적으로 바꾸게 하는 아르키메데스의 점에 닿았다는 사실을 전적으로 숨길 수 없습니다. 낯선 문화를

---

**3**  제임스 레게는『역경』을 번역해 *The Yi King*(*Sacred Books of the East* 제16권, 제2판, 1899)으로 출간했다.

황금꽃의 비밀

그렇게 방대하고 색채감 있게 그려낸 빌헬름의 작업은 분명 큰 공적이 아닐 수 없습니다. 하지만 그러한 공적은 더 나아가서 그가 우리 서구인들의 세계상을 변화시킬 수 있는 중국 정신의 생동하는 배아를 갖게 하고자 했다는 사실과 비교한다면 아무것도 아니라고 할 수 있습니다. 우리는 그의 작업을 경탄하거나 혹은 비평하는 구경꾼이기도 하지만, 만약 『역경』의 생생한 효력을 경험하는 데 성공한다면 동양 정신의 참여자가 될 수 있을 것입니다.

『역경』의 실제 적용에 기초하고 있는 기능은—내가 이렇게 표현해도 무방하다면—어떤 식으로 보아도 우리 서양의 학문적-인과론적 세계관과는 첨예하게 모순됩니다. 다시 말해, 『역경』의 실제 적용은 대단히 비학문적이어서 곧 중지하게 되고, 또한 우리의 학문적 판단에서 벗어나므로 이해되지 못하고 맙니다.

몇 년 전에 당시 영국 수상이 내게 인류학적 사회에 대한 질문을 한 적이 있습니다. 중국인들과 같이 정신적으로 그렇게 고양된 민족이 학문적으로 이렇다 할 성취를 보여주지 못한 것을 어떻게 설명하겠느냐는 질문이었습니다. 나는 그에 대해 다음과 같이 대답하였습니다. "아마도 우리가 잘못 보고 있음이 틀림없습니다. 중국인에게도 '학문'이 있습니다. 그 '규준이 되는 작업'이 『역경』인데, 그러나 이 학문의 원리는 중국에 있는 많은 것이 그렇듯이 우리의 학문 원리와는 완전히 다릅니다."

『역경』의 학*은 인과론에 기초하고 있지 않습니다. 그것은 이제껏 우리에게 없었기 때문에 명명되지 못한 어떤 원리에 기초를 두고 있습니다. 나는 이 원리를 시험적으로 동시성적synchronistisch 원리라고 명명해보았습니다. 나는 무의식의 과정을 다루는 심리학 연구에 전념하면서 수년 전에 이미 어떤 다른 해명의 원리를 찾아야 한다는 필요성을 느꼈습니다. 인과론적 원리만으로는 특정의 주목할 만한 무의식 심리학의 현상들을 설명하기에 불충분하다고 여겨졌기 때문입니다. 우선 나는 서로 인과론적으로 전혀 연관되지 않으나, 틀림없이 어떤 다른 사건 발생의 관계성 안에 있는 심리학적 유사 현상들이 있음을 알게 되었습니다. 이러한 관계성이 나에게는 본질적으로 상대적인 동시성이라는 사실로 생각되었습니다. 그래서 '동시성적'이라는 표현을 쓴 것입니다. 시간은 결코 추상개념이 아닙니다. 시간은 서로 다른 장소에서 상대적인 동시성으로, 즉 인과론으로는 설명되지 못하는 유사성을 가진 특질 혹은 근본 조건들로 구성된 구체적 연속처럼 보입니다. 예를 들면 동일한 사상, 상징 혹은 심리적 상태들이 동시적으로 출현하는 경우가 그렇습니다. 또다른 예로는 빌헬름이 부각한 것인데, 서로 인과론적인 관계 없이 드러나는 중국의 주기들과 유럽의 주기들도 동시성에 해당할 것입니다. 가장 거대한 형태의 동시성을 예로 든다면, 관행적으로 보증되는 결과들을 다루는 점성술일 것입니다. 그럼에도 최소한 점성술적 의문을 철학적으로 고찰할 만한 가치가 있다고 여기게 만드는, 충분히 보증되고 방대한 몇몇 통계학적 사실들이 있습니다. (점성술은 심리학적 평가가 가능하다고 확신합니다. 그것은 고대의 모든 심리학적 인식들의 총합을 나타내기 때문입니다.)

실제로 출생시 별자리 운세로 성격을 능히 재구성할 수 있다는 점은 점성술의 상대적 타당성을 입증하게 합니다. 그러나 별자리 운세는 결코 실재의 천문학적 별의 위치가 아니라 임의적인, 순전히 개념적인 시간 체계

황금꽃의 비밀

에 의거합니다. 따라서 밤낮의 길이가 같을 때의 세차歲差를 통해서 춘분점이 이미 천문학적으로 0도의 백양궁白羊宮, Aries에서 벗어나버린다는 한계나, 사실적으로 올바른 점성술적 진단도 있다는 점을 고려할 때, 별자리 운세는 별의 영향이 아니라 우리의 가설적 시간의 특질에 의거합니다. 다른 말로 표현하면, 어떤 특정한 시간적 계기에 태어나거나 혹은 창조된 것은 바로 그 시간적 특질을 갖는다는 것을 의미합니다.

이것이 바로『역경』의 실제 적용에서의 기본 공식입니다. 주지하는 바와 같이 우리는 전적으로 우연성에 기초한 산算가지나 동전으로 순간을 모사한 육괘六卦를 얻게 됩니다. 룬문자가 새겨진 산가지들은 어느 한순간에 정해집니다. 이제 문제는 다음과 같습니다. 기원전 1000년경 고대 은殷 왕과 주周의 대공이 정해진 우연의 괘상卦象을 제대로 해석하는 데 성공했느냐 혹은 성공하지 못했느냐 하는 것입니다.[4] 오직 경험만이 이를 판가름해줄 것입니다.

나의 요청으로 취리히의 심리학 클럽에서『역경』에 대한 빌헬름의 첫 강연이 있었습니다. 거기서 빌헬름은『역경』의 실제 적용을 설명했습니다. 그 자리에서 그는 2년 후에 말 그대로 실현된 어떤 것을 미리 예측하였습니다. 이러한 사실들은 수많은 유사한 경험들에 의해 증명될 수 있었습니다. 나로서는『역경』의 진술에 대한 타당성이 객관적으로 증명될 수 있는지가 그리 중요하지 않습니다. 오히려 나는 고인이 된 친구가 제시한 의미로 그 타당성을 전제하고 있었고,『역경』에서 육괘를 통하여 표현된

---

4  방법과 역사에 대한 상세한 설명은 *I Ging*, I(Düsseldorf, 1960) 11쪽 이하를 참고하라.

시간적 계기에 대한 신비적 특성이 해독될 수 있음에 놀라움을 가지고 연구에 전념하게 된 것입니다. 중요한 점은 점성술과 유사할 뿐 아니라, 심지어 본질적으로 유사한 사건들의 관련성에 관한 것을 살펴볼 수 있다는 사실입니다. 출생은 정해진 산가지의 괘에 상응하므로, 출생의 별자리는 육괘에 상응합니다. 그리고 이 별자리에서 나온 점성술적 의미는 육괘에 귀속되는 텍스트에 해당합니다.

『역경』에서 최고봉이라 할 수 있는 동시성적 원리에 기초한 사상은 중국 사상의 대강을 가장 순수하게 잘 표현한 것입니다. 우리에게는 이 사상이 헤라클레이토스Heraklit 이래 철학사에서 사라졌다가 라이프니츠Leibniz에게서 다시 아득히 울려퍼지는 메아리로 나타납니다. 그러나 그것은 그사이 완전히 사라진 것이 아니라, 점성술적 사변의 모호함 속에서 계속 살아 있었고, 오늘날에도 여전히 그런 정도로 희미하게나마 남아 있습니다.

이제 『역경』은 우리 서구인들에게도 발전의 필요를 느끼게 합니다. 오늘날 그러한 것을 구하기 때문에, 신비학Okkultismus이 전성기를 맞이하게 되었습니다. 서양 정신의 빛은 거의 어두워졌습니다. 여기서 우리의 학술원과 그 대표자들은 고려하지 않습니다. 나는 의사이기 때문에 그저 평범한 사람들과 관계합니다. 그 때문에 나는 대학들이 더이상 선구자로서 영향력을 가지지 않는다는 사실을 알고 있습니다. 평범한 사람들은 학문적 전문주의와 합리주의적 지성주의에 염증이 나버렸습니다. 그들은 편협하지 않고 폭넓은, 그리고 모호함을 걷어내어 명백한 진실을 듣길 원합니다. 밍밍한 물처럼 누구의 심금도 울리지 못하는 것이 아니라, 골수에 사무치

황금꽃의 비밀

는 감동적인 진실을 듣기 원합니다. 이 같은 간절함은 개인적으로 이름을 부를 수 없는, 그러나 광활한 군중 속에서 옆길로 빠져버릴 우려가 있습니다.

나는 빌헬름의 업적과 의의를 생각할 때, 항상 프랑스의 뒤페롱Anquetil du Perron(1731~1805, 프랑스 최초의 동양학자—옮긴이)이 떠오릅니다. 1800년경, 이성理性의 여신이 노트르담대성당에 있는 기독교의 신神을 권좌로부터 쫓아내버린 바로 그 시기에, 그는 처음으로 전대미문의 인도 힌두교 경전인 『우파니샤드』의 번역을 유럽에 가져왔습니다. 당시 파리에서 일어난 것보다 훨씬 더한 전대미문의 사건은 오늘날 러시아에서도 일어났습니다. 유럽 전체에서 기독교 상징이 힘을 잃게 되자마자 불교도들이 유럽에 선교하려는 상태에 이른 것입니다. 우리에게는 바로 빌헬름이 동방의 새 빛을 전해준 사람이 됩니다. 이것이 바로 빌헬름이 느꼈던 문화의 과제입니다. 그는 서구의 정신적 위기를 치유하는 데에 동양이 많은 것을 줄 수 있음을 인식했던 것입니다.

가난한 사람이 돈을 구걸할 때, 적선하듯이 돈을 조금 쥐어주는 것이 진정으로 그를 돕는 방법은 아닐 것입니다. 그가 어떻게든 일을 해서 가난으로부터 완전히 해방될 수 있는 방법을 가르쳐주는 것이 제대로 그를 돕는 것입니다. 우리 시대에 정신적 구걸을 하는 자들은, 유감스럽게도 마치 적선을 받듯이 너무나 쉽게 동양의 방법과 방식을 맹목적으로 모방하는 경향이 있습니다. 그것은 다분히 경계할 필요가 있는 위험한 태도입니다. 빌헬름도 분명히 그런 위험을 감지했습니다. 단순한 감각이나 새로운 스릴감으로는 정신적으로 우리 유럽을 돕지 못합니다. 오히려 그것이 우리 자신의 것이 되도록 습득하는 법을 배워야 합니다. 동양이 우리에게 제공하는 것이 우리가 해온 어떤 작업에 도움이 되어야만 합니다. 만일 우리가 그것을 진부한 오류들로 여김으로써 우리 자신의 토대를 버리고 마치 고향도 없는 해적들처럼 낯선 해안에 은밀히 정착한다면, 도대체 『우파니샤드』의 지혜나 중국 도가의 통찰이 우리에게 무엇이 유용하겠습니까? 자신의 문제점을 보지 않으려는 사람, 상투적인 선입견들로 교묘하게 꾸며 멋지게 삶을 살아온 사람, 그리고 진정한 인간의 본질을 위험한 하부층과 어둠으로 위장하는 사람에게는 동방의 통찰들, 무엇보다『역경』의 지혜는 아무런 의미가 없습니다. 이 지혜의 빛은 오직 어둠 속에서만 빛이 납니다. 유럽적 의식과 의지의 무대에 내뿜는 스포트라이트 속에서는 그 빛이 발하지 않습니다. 중국식의 도살, 중국 비밀 결사대의 어두운 힘, 혹은 말로 형용할 수 없는 빈곤, 중국 민중의 절망적인 오염물들과 패륜에 대해 읽을 때 느껴지는 어떤 끔찍함, 바로 그러한 어떤 배경의 은밀한 깊이로부터『역경』의 지혜가 나옵니다.

우리가 중국의 지혜를 생생하게 경험하고자 한다면, 제대로 된 삼차원적 생활이 필요합니다. 그러려면 무엇보다 먼저 우리 자신에 대한 유럽적 지혜가 필요합니다. 우리의 길은 유럽의 현실에서 시작되는 것이지, 자신의 현실 너머 스스로를 망각하게 되는 요가 훈련에서 시작되지는 않을 것입니다. 우리는 빌헬름의 번역 작업을 좀더 폭넓은 의미로 확장하고 우리 스스로가 대가의 진정한 제자임을 보여주어야 하겠습니다. 그가 동양의 정신적 자산을 유럽의 의미로 번역한 것처럼, 우리도 그 의미를 삶으로 번역해야 합니다. 이미 알고 있는 것처럼, 빌헬름은 중심 개념인 도道를

황금꽃의 비밀

'숨은 참뜻'으로 번역했습니다. 이것을 삶으로 번역하는 것, 즉 도를 실현하는 것이 바로 제자의 과제일 것입니다.

하지만 말과 좋은 학설로 도가 수행되는 것이 아닙니다. 우리 내면에서 혹은 우리 주변에서 어떻게 도가 생성되는지 제대로 알고 있습니까? 대략적으로 모방을 통해서, 아니면 이성을 통해서 혹은 의지의 곡예를 통해서 이루어진다고 알고 있습니까?

우리 이제 동양으로 시선을 돌려봅시다. 그곳에서는 어떤 막강한 운명이 실현됩니다. 유럽의 카농포들이 아시아의 성문을 날려버렸고, 유럽의 학문과 기술, 유럽의 속된 마음과 탐욕이 중국을 침범하였습니다. 우리는 정치적으로 동양을 정복했습니다. 로마가 가까이 있는 동양을 정치적으로 정복했을 때 무슨 일이 일어났습니까? 오히려 동양의 정신이 로마로 유입되었습니다. 페르시아 태양신 미트라스가 로마 군대의 신이 되었고, 전혀 그 존재를 인식하지 못했던 근동近東의 구석에서 또하나의 새로운 정신으로 무장한 로마가 탄생하였습니다. 오늘날에도 유사한 사실이 일어나고 있습니다. 우리가 낯선 미신에 놀라워한, 소위 교양 있는 로마인들과 마찬가지로 맹목적이라는 사실을 생각하지 않을 수 있겠습니까? 영국과 네덜란드 두 나라는 가장 먼저 동양에 식민 세력을 뻗친 국가들이고, 그렇기 때문에 인도의 신지학에 가장 많이 영향을 받았음을 주목해야 합니다. 나는 우리의 무의식이 동양적 상징론을 좋아한다는 것을 알고 있습니다. 동양의 정신은 진실로 어떤 출입구에 해당합니다. 그렇기 때문에 나는 '숨은 참뜻'의 실현, 즉 도의 추구는 일반인이 생각하는 것보다 훨씬 더 강한 정도로 이미 집단적 현상이 되었다고 봅니다. 나는 예를 들어 빌헬름과 인도학자 하우어Hauer[5]가 같은 해에 정신 치료학회에서 요가에 대한 발표를 하도록 초대됐던 사실을 매우 의미 있는 시대적 징후로 봅니다. 병을 앓느라 과민해진 사람들을 직접 상대하는 일반 의사가 동양적인 치료 시스템과 관계한다면 과연 어떤 의미가 있을지 생각해보십시오! 동양의 정신은 모든 미세한 구멍을 통해 침입하여 유럽의 가장 취약한 지점에 이를 것입니다. 그것은 위험한 전염일 수 있습니다. 그러나 어쩌면 또 하나의 치료법이 될 수도 있을 것입니다. 서양 정신이 바빌로니아적 언어 혼란에 빠져 방향감각을 잃게 되자, 모두 단순한 진리를 갈망하게 되었습니다. 말하자면 가능한 한 머리가 아니라 가슴으로 말하려 하고, 외견상 정신에 명확성을 부여하려 하고, 불안정한 감정의 동요를 안정시키는 보편적인 이념들을 갈망하게 되었습니다. 고대 로마가 그랬듯이, 오늘날의 우리도 그것을 낙관적으로 여기며 다시 모든 이국의 미신들을 끌어들여 그 가운데서 우리의 병을 치유할 수 있는 적절한 치유법을 발견하려고 할 것입니다.

인간의 본능은 모든 위대한 지혜가 단순 소박하다는 것을 알고 있습니다. 그렇기 때문에 본능의 취약으로 인하여 천박한 단순화와 무미건조함에 어떤 위대한 지혜가 있다고 짐작해버리거나 혹은 실망 때문에 위대한 진리는 막연하고도 복잡할 것이라고 생각하는 오류에 빠집니다. 오늘날 우리 문화는 누구라 지목할 수 없는 대중 안에서 그노시스적 운동을 일으키고 있습니다. 이는 심리학적으로 1900년 전에 일어났던 운동과 꼭 일치

---

5  W. Hauer. 1881년생. 선교사 출신으로 튀빙겐 대학에서 산스크리트어 교수를 역임했다.

합니다. 오늘날처럼 당시는 위대한 이성주의자들 및 고독한 방랑자들이 정신적 끈을 유럽에서 아시아, 저 먼 동양의 인도까지 펼쳐놓았습니다. 그러한 역사적 자리에서, 나에게는 빌헬름이 그 위대한 그노시스적 중개자로 보였습니다. 그 위대한 그노시스적 중개자는 헬레니즘의 정신을 지닌 근동의 문화 자산을 접하게 하고, 그로써 로마제국의 몽상가에게서 비롯된 새로운 세계에 이르게 하였습니다. 오늘날처럼 그 당시도 다양주의, 무미건조함, 기교, 속된 취미, 그리고 내적인 불안 등이 풍미했습니다. 오늘날과 마찬가지로 정신의 대륙이 범람한 결과, 불확실한 큰 물결에서 수많은 섬들처럼 생겨나 제각기 산꼭대기들이 되었습니다. 또한 여러 아류의 정신적인 도(道)들이 마구 난무하도록 개방되었습니다. 그래서 수많은 사이비 현자들이 의기양양하게 활보하였습니다.

유럽의 견해들이 양철판처럼 서로 요란한 소리를 내면서 불화를 이루는 가운데, 중국에서 온 일종의 사도와 같은 빌헬름이 전하는 단순 소박한 말을 듣는다는 것은 정말 큰 기쁨입니다. 누구나 그의 말에서 다음과 같은 것을 알아차리게 됩니다. 그의 말은 사심 없는 겸허의 깊이 안에서 표현할 수 있는, 중국 토착 정신인 식물성의 싱그러운 순수함을 담고 있습니다. 그것은 위대한 진리의 단순함, 내밀한 의미의 소박함에 관한 것입니다. 그렇게 그 황금꽃의 은은한 향기가 우리에게 이르도록 전해주었습니다. 그의 단순 소박한 말은 부드럽게 유럽의 땅에 침투하면서 온화한 배아를 심었고, 임의와 불손의 갈등을 겪는 우리에게 삶과 '숨은 참뜻'에 관한 새로운 예지를 주었습니다.

빌헬름은 동양의 낯선 문화 앞에서 유럽인으로서는 이상하리만치 아주 겸손했습니다. 그는 그 문화에 이의를 제기하지도, 선입견을 갖지도, 잘난 체하지도 않았습니다. 오히려 그 낯선 문화에 진심으로 개방된 태도를 보였습니다. 그래서 자신을 그 문화에 완전히 동화되도록 하였습니다. 그 결과 그가 유럽으로 돌아왔을 때 자신의 정신뿐 아니라, 자신의 본질 속에 담긴 동양의 충실한 모상模像을 우리에게 전할 수 있었습니다. 이러한 심층적 변형은 분명히 그의 큰 희생이 없었더라면 이룰 수 없는 것입니다. 왜냐하면 우리의 역사적 전제 조건들이 동양의 그것과는 다르기 때문입니다. 서양 의식이 가진 예리함과 문제 제기의 특성이 동양의 보편적인 무심한 본질에 굴복해야 했고, 서양의 합리주의와 편파적인 구별화는 동양의 관대함과 단순성에 무릎을 꿇어야 했습니다. 이러한 변화는 빌헬름에게는 분명히 어떠한 지성적 관점의 유보뿐 아니라, 그의 인격성을 구성하는 요소들의 본질적인 전위를 가져왔습니다. 빌헬름이 자신의 유럽적 인간을 후퇴시키는 데에 전적으로 성공하지 못했다면, 그가 우리에게 제공한 모든 고의성과 강제성에서 해방된 순수한 동양의 상像을 결코 완전히 성취하지 못했을 것입니다. 그가 고집스러운 완고함으로 동양과 서양을 서로 충돌하게 내버려두었다면, 우리에게 중국의 순수한 상을 전달하려는 그의 사명은 이뤄질 수 없었을 것입니다. 그래서 그의 유럽적 인간의 희생은 불가피하였으며, 자신의 운명적 과제의 성취는 필연적이었습니다.

빌헬름은 자신의 사명을 가장 의미 있게 성취하였습니다. 그는 우리로 하여금 사라져버린 중국 정신의 보물들에 접근할 수 있게 해주었을 뿐 아니라, 이미 앞에서 말씀드렸듯이, 수천 년 동안 살아남아 있던 중국 정신의 뿌리를 가져와 유럽 땅에 심었습니다. 이러한 과제를 완수함으로써 그의 선교 임무는 절정에 도달하였고, 그것으로—유감스럽게도—그의 삶도 마지막에 이르렀습니다. 중국인들에 의해 그렇게 분명하게 인지되었던 에난티오드로미Enantiodromie, 즉 대극의 전개 법칙에 따르면, 그 대립의 정점에서 시작점이 다시 등장한다고 하였습니다. 그의 최상의 지점에 있던 양陽이 음陰으로 옮겨가고, 현상적 현존이 그 부정에 의해 사라지는 것입니다. 나는 그가 세상을 떠나기 불과 몇 년 전에 그와 더욱 가까워졌습니다. 그의 삶의 마지막 즈음에 유럽적인 것이 그에게 되살아나서, 심지어는 심하게 그를 압박하는 것을 볼 수 있었습니다. 나는 그의 마음이 큰 변화, 즉 변혁이라고 해도 좋을 정도의 감정 상태에 이르렀음을 목격하였습니다. 물론 당시 그는 그러한 변혁의 본질을 분명하게 이해할 수 없었습니다. 그는 자신이 결정적인 위기 앞에 서 있다는 것을 확신할 뿐이었습니다. 이러한 정신적인 전개는 신체의 병을 동반하였습니다. 그가 꾼 꿈들은 온통 중국에 관한 기억들로 채워졌습니다. 또한 그의 머릿속은 늘 슬프고 어두침침한 상들로 가득하였습니다. 이는 중국의 내용들을 부정하는 과정을 의미하는 현상임이 분명하였습니다.

그 어떤 것도 영원히 희생될 수는 없습니다. 모든 것은 나중에 다시 변화된 형상으로 돌아옵니다. 따라서 한 번 큰 희생이 있었던 곳에 그 희생된 것이 되돌아간다면, 또다시 한 번의 큰 변혁에 해당하는 충격이 있게 됩니다. 이를 감내할 수 있기 위해서는 또한 건전하고 저항력 있는 신체가 반드시 있어야 합니다. 종종 이러한 변혁의 상태인 정신적 위기가 허약해진 신체와 만나면 곧 죽음을 의미하게 됩니다. 왜냐하면 예전에 희생에 쓰인 칼이 이제 희생자의 손에 쥐여지고, 그 희생자였던 자가 죽음을 요구하기 때문입니다.

이상과 같이 나는 여러분에게 나름의 개인적인 해명을 해보았습니다. 내가 빌헬름에 관하여 말할 수 있는 것은 그에 대해 어떻게 체험했는가 하는 것이지, 달리 무엇이겠습니까? 빌헬름의 필생의 업적은 너무도 고귀한 가치를 지니고 있다고 생각합니다. 그 모든 것은 나로 하여금 유럽이 겪는 심혼적 고통을 대면할 수 있도록 하여, 이를 연구하고, 열망하고, 생각하고, 행하게 했던 것이었다고 분명히 말할 수 있습니다. 나에게 이 작업은 유럽적 무의식의 혼란으로부터 막연하게나마 깨어나게 하는 강렬한 체험이었습니다. 이는 전적으로 그가 명확한 언어로 들려준 덕분입니다. 나는 누구보다도 그에게 가장 많이 영향을 받았다는 생각이 들 정도로, 그를 통해서 풍부한 동양 정신의 내용을 섭렵하였습니다. 그러므로 내가 그의 추모 제단 앞에서 우리 모두의 감사와 경의를 대표로 표명하는 것을 당연하게 여긴다고 해도 그리 불손한 일은 아니라고 봅니다.

# 제1부

# 융의 해설

Europäischer Kommentar von C. G. Jung

# 들어가는 말

## 1. 유럽인이 동양을 이해하기 어려운 이유

나는 철저히 서양식으로 느끼는 한 사람이므로, 이 중국 텍스트의 이질적 특징에 대해 내밀한 무엇인가를 감지하는 것은 당연하다. 여기 이 텍스트에서 다루고 있는 것을 이해하는 일은 어느 정도 지성과 직관에 힘입기도 하고, 동양의 종교와 철학에 관한 약간의 지식에서 도움을 받는 것도 분명하다. 그러나 그마저도 마치 원시종교적 세계관이 가진 역설들을 '민속학적' 혹은 '비교종교사적'으로 이해하는 것과 같은 수준에 불과할 것이다. 그것이 바로 소위 학문적 이해라는 외투로 자신의 본심을 위장하려는 서양적 특성에 해당한다. 이는 한편으로는 '지성인의 연민스러운 거드름'이 생생한 관심을 표시하기 두려워하는 동시에 기피하고자 하는 것이고, 다른 한편으로는 감정적 이해가 낯선 정신을 진심으로 받아들이는 체험이 될 수도 있기 때문이다. 소위 학문적 객관성은 이 텍스트에 대해 중국어학자의 언어학적 통찰을 요구하면서, 각기 제멋대로 다른 해석을 하지 않도록 경계해야만 성립했을 것이다. 그러나 빌헬름은 최고의 통찰력이라는 진주를 전문 분야의 서랍 안에서 퇴색하게 내버려두지 않을 만큼 중국적 지혜의 근원적이고 비밀스러운 생명력에 관해 충분히 내밀한 인식을 하고 있다. 그가 나를 심리학적 해설자로 선정한 것은 나에게 특별한 영광이자 기쁨이 될 것이다.

그와 동시에 이것이 또다른 의미에서 전문 분야의 서랍에 들어가게 하는 위험이 될 수 있음을 감수하지 않을 수 없다. 그러나 만약 서양 학문의 업적을 과소평가하려는 사람이 있다면, 이는 유럽적 정신을 지탱하고 있는 그것 자체를 제거하려는 것이다. 더욱이 학문은 결코 완성된 도구가 아니므로 지나치게 자기 목적에 따라 사용하면 해를 입힐 수 있어서 매우 신중하게 고려해야 하는 도구이다. 학문은 어디까지나 신하로서 종속해야 한다. 만약 학문이 왕위를 찬탈하려 든다면 이는 잘못된 것이다. 또한 한 분야의 학문은 다른 인접 학문에 봉사하여야 하는데, 이는 자신의 불충분함 때문에라도 다른 인접 학문의 지지가 필요하기 때문이다. 학문은 서양 정신의 도구이므로, 이를 잘 사용한다면 더 다양한 문을 열 수 있게 된다. 그것이 분명 우리의 이해에 한몫을 차지하지만, 그것을 통해 수용된 것만을 이해의 전부로 간주한다면 학문적 통찰은 흐려지고 만다. 그러나 우리에게는 낯설지만, 더 폭넓고 심오하고 고귀한 이해를 가르치는, 즉 생명을 통하여 이해하고 있는 동양이 있다. 우리는 이런 동양의 것을 단지 종교적인 표현 방식에서 비롯된 아련한 그림자 같은 심정 상태로서 이해하고 있다. 이렇게 동양적 '지혜'를 인용 부호 안에 집어넣으면서, 신앙과 미신이라는 모호한 영역으로 추방해버린다. 이로써 결국 동양적인 '사실성'은 전적으로 잘못 이해되어버린다. 그것은 금욕적인 은자나 기인들에 속하는 낭만적인, 혹은 지나치게 신비적인 것으로 강조된 병적일 정도의 직감이 아니라, 오히려 중국적인 지성이 꽃피워내는 실제적인 통찰이다. 우리는 이러한 것을 과소평가할 어떠한 근거도 가지고 있지 않다.

이상의 주장은 어쩌면 좀 지나치게 보일 것이고, 연구 자료에 관해 잘 몰라서 그렇다고 간주될 것이다. 게다가 도대체 어떻게, 그리고 어디에서 중국적인 사유 세계가 우리의 것과 연결될 수 있는가 하는 당혹감은 여전히 해소되지 않고 뚜렷하게 남아 있다. 서양인의 일반적인 오류(말하자면 신지학적)는, 악마의 꾐에 빠진 『파우스트』의 학생처럼 학문에 대해 무시하고 등을 돌리고 동양적인 황홀경을 받아들여 요가 수행을 문자 그대로 실행하는 등의 한심스러운 모방을 하는 것이다. 여기서 서양인은 자신의 안전한 서구 정신의 기초에서 벗어나게 되고, 결코 유럽적인 뇌 구조에서 나올 수 없는 것들에 매달려, 저절로 의미를 생산할 수 없는 말과 개념의 환영에 사로잡혀 자신을 잃어버리고 만다.

옛 스승은 다음과 같이 말하였다: "아무리 올바른 방법을 사용하더라도, 그 사람이 잘못되면 그것은 제대로 작동하지 못한다." 유감스럽게도 이러한 중국적인 명언은, 도구를 사용하는 인간을 무시하고 오로지 '올바른' 방법론에 대한 믿음을 가진 우리와는 근본적으로 다른 입장에 있다. 실제로 이 같은 사실에서 보면 모든 것은 청하는 사람에게 달린 것이지, 방법에 달린 것이 아니다. 여기서 방법이란, 어떠한 행위를 통해 드러낼

때, 자신의 본질에 관하여 충실한 표현을 하는 개인이 택한 길과 방향을 의미한다. 만약 그렇지 않다면 그 방법은 허세, 즉 인위적으로 덧붙여져서 알려지는 것이므로 근본이 없어서, 자기 은폐라는 비합법적인 목표에 봉사하는 것이 된다. 그러한 방식으로 자기 자신을 변질시키므로, 어쩌면 자신의 고유한 본질이라는 냉엄한 규범에서 벗어나려는 하나의 수단이 될 것이다. 이는 중국적 사유에서 보면 근본을 굳건히 하고 자기를 신뢰하는 것과 아무런 관련이 없는 것이다. 오히려 그 반대로 고유한 본성의 포기, 낯설고 순수하지 못한 신에 대한 자기 배신, 심혼적 우월함을 훔치려는 비열한 술수 등으로, 이 모두는 중국이 말하는 '방법'이라는 의미에서 보면 서로 상반되는 것이다. 왜냐하면 이런 통찰들은 전체적이고, 가장 순수하게, 그래서 진심에서 우러나온 것이어야 하기 때문이다. 말하자면 그것은 심연의 본능을 뛰어넘어 아득히 원초적이고 동시에 논리적이면서도, 영원히 서로 상쇄하지 않고 함께 연루하여 자라나는 중국 문화적 삶에서 비롯되었기 때문이다. 이는 우리 유럽인들로서는 언제나 너무 낯설어서 도저히 흉내를 낼 수 없는 것이다.

서양적 모방은 어떤 식으로든 비극적인 것이다. 그것은 비심리학적 오해에 해당하는 것으로, 서양의 문명화된 인간은 바로 거기에서 자신의 절박한 과제, 즉 '도전에 맞서 싸우라'는 과제에서 벗어나서, 현대에서도 이탈하여 '원시적으로' 되어 떠도는 것 같다. 이는 현대인이 마치 뉴멕시코, 또는 지복한 남쪽 바다의 섬이나 중앙아프리카 어떤 지역으로 모험을 떠남으로써 삭막한 상태에 이른 것과 같다. 우리는 전혀 유기적으로 고려하지 않은 채 낯선 것을 모방하거나 선도하기보다는, 오히려 엄청나게 역겨

황금꽃의 비밀

운 것에 물들어 있는 서양의 문화를 바로 이 장소, 이 위치에서 정립하는 것이 필요하다. 아울러 유럽인의 부부 문제, 노이로제, 사회적이고도 정치적인 망상표상과 전체 세계관의 방향감 상실과 같은 서양적 일상성을 끌어들이는 것이 우리의 실질적인 과제일 것이다.

우리는 이 텍스트에서 근본적으로 다루고 있는 내용, 즉 세계에서 벗어나 은둔하는 것을 이해하지 못하며, 이해하려 하지도 않는다고 솔직하게 고백하는 편이 낫겠다. 내면으로 시선을 던지는 동양인의 심혼적 태도는 세계의 비가시적 본질을 바라보는 데 있어 이를 방해하지 않을 정도로 자신의 본능적 욕구를 충족하였기 때문에 가능하다. 본능적 욕구를 충족할 때 비로소 본능으로부터 자유로워질 수 있다는 사실을 잘 알고 있는 것이 아닐까? 이러한 동양의 관조라는 조건을 갖추는 것이, 어쩌면 우리에게는 불가능한 일일지 모른다. 왜냐하면 우리는 가시적 세계에 의해 야기되는 강력한 욕망, 야망 및 욕정에 사로잡혀 자유로울 수 없기 때문이다. 위의 그 자유로움은 바로 본능적 욕구의 의미 있는 충족에서 비롯되는 것이지, 본능을 미리 앞지르고, 그 두려움을 감추면서 억압하여 이루어지는 것은 아니지 않은가? 만약 대지의 법칙에 따르게 된다면, 어쩌면 정신적인 것에 대한 시선이 자유로워지는 것은 아닌가? 중국 도덕 역사의 의미를 이해하고, 수천 년 동안 모든 중국적 사고를 꿰뚫는 지혜의 책인『역경』을 연구했던 자라면, 설명을 더 보태지 않아도 이것을 이해할 것이다. 그리고 텍스트의 견해가 중국적 의미에서 대단한 것이 아니라, 바로 당연한 심리학적 귀결이라는 점 또한 알게 될 것이다.

우리의 고유한 기독교적 정신문화에서는 정신이, 그리고 가장 최근에는 정신의 열정이 긍정적인 것이고 추구할 가치가 있는 것이었다. 중세가 지나고 19세기에 이르자 정신은 지성으로 변질되기 시작했고, 최근에 이르러서는 견딜 수 없는 지성주의의 주도에 대항하는 어떠한 반응이 나타나게 되었다. 지성주의 주도는 지성을 정신으로 착각하고 정신을 지성의 신하로 예속시키는 유감스러운 잘못을 시작하고 말았다(클라게스Klages). 지성이 어떤 식으로든 능력을 과시하면서 정신의 대지에 등장하려고 애를 쓴다면 저절로 심혼을 상하게 하는 가해자가 된다. 왜냐하면 정신은 단지 지성만이 아니라 심정도 함께 포함하고 있어서, 지성보다는 더 상위의 어떤 것이기 때문이다. 정신은 초인적이자 빛의 높이로 향하여 나아가려는 생명의 방향이고 원칙이다. 그러나 그 정신에 대해 계기적 심연과 육체적 근원의 관계들에서 올라오는 정서성과 본능성이 함께하고 있는 여성적인 것, 어두운 것, 대지적인 것das Erdhafte, Yin, 陰이 대립한다. 의심할 바 없이 이런 개념들은 순수한 직관적 관조에서 나온 것으로, 우리가 인간 심혼의 본질을 파악하려 시도한다면 결코 배제할 수 없는 것이다. 중국은 심혼적인 것으로부터 멀어질 수 없었다. 왜냐하면 중국철학의 역사가 보여주듯이, 개별적 심리 기능의 지나친 활용과 과대평가가 심혼의 본질을 상실하게 만들 만큼 중심적인 심혼적 소여성Gegebenheit, 所與性과 멀어지지 않았기 때문이다. 중국은 살아 있는 것이 갖고 있는 패러독스와 이중성의 인식을 빠뜨리지 않았다. 그래서 대립쌍들이 살아서 늘 평행을 유지했다. 이것이 바로 고매한 문화의 징표이다; 일방적인 것은 언제나 서로 충돌하는 것을 면하게 해주는 반면, 그것은 또한 야만성의 표시이기도 하다. 서양에 있는 지성에 반대하여 에로스 혹은 직관을 찬양하는 반응은, 지성의 독재로 인해 생긴 제한성을 넘어선 의식의 확장에 해당하는, 문화적 진보의 표시일 수 있다.

나는 서양적 지성의 엄청난 정신적 분화를 과소평가하지 않으려 한다. 그것에 비교하면 동양적 지성은 유아적이라고 할 만하다.(물론 그것은 지성과는 전혀 상관이 없는 일이다!) 심혼의 어떤 다른 기능 혹은 제3의 기능으로 하여금 그러한 권위를 갖게 하는 데 성공한다면, 지성으로 누렸던 것처럼, 서양인은 동양인을 훨씬 능가하는 모든 권리를 가지게 될 것이다. 만약 유럽인이 자기 자신을 포기하고 동양인을 모방하여 허세를 부린다면 이는 대단히 유감스러운 일일 것이다. 그러나 동양인이 수천 년에 걸쳐 발전시킨 것을, 유럽인이 자기 자신 속에 머무르면서 자신의 방식과 본성에 맞게 발전시킨다면, 바로 거기에서 보다 더 큰 가능성을 가질 수 있다.

일반적으로 고칠 수 없는 지성의 외향적 관점에서 본다면, 동양인이 가치 있다고 평가하는 것이 우리에게는 욕망할 만한 아무런 가치가 없는 것처럼 보일 것이다. 지성만으로는 동양적 이념이 우리에게 어떤 실제적 의미를 가져다줄 수 있을지 전혀 이해할 수 없다. 왜냐하면 우리는 그것을 철학적이고 윤리적인 귀중품으로 편입할 것이 분명하기 때문이다. 스스로 배웠다고 하는 중국학자들조차도 『역경』의 실제적인 적용을 제대로 하지 못하며, 그 때문에 이 책은 이해하기 힘든 주문들의 모음으로 간주되고 있다.

## 2. 현대심리학적 이해 가능성

나는 동양의 지혜에 이르는 완전히 새롭고도 뜻밖의 통로를 열게 된 실제적 경험을 하였다. 당시 나는 당연히 중국철학에 관하여 거의 아는 것이 없는 상태였다. 그러한 완전 무지 상태에서 정신과 의사이자 정신 치료자로서 직업적 경력을 쌓고 있었다. 나중에 돌아보니, 정신 치료 기술을 가진 의사로서의 경험이 나도 모르게 수천 년 동안 동양의 위대한 인물들이 구하였던 내밀한 길로 인도하였음을 깨달았다. 사람들은 이것을 단지 주관적 상상이라고 여길 것이다. 이것이 내가 지금까지 그에 관해 공개하기를 꺼렸던 이유이다. 중국적 심혼의 탁월한 이해자인 빌헬름은 나에게, 동양의 것과 내 직업이 일치한다는 사실을 솔직하게 밝혀주었다. 그는 또한 나에게 신비가 가득한 동양 정신의 어두움의 특성이 담긴 중국 서적에 관하여 글을 쓰도록 청하였다. 그 내용은—매우 중요한데—중국인이 아닌 내 환자들의 심혼의 발달 과정에서 나타나는 것과 너무도 유사한 것이다.

이런 희한한 사실에 관해 독자의 이해를 돕고자 설명하자면, 인종적 차이를 넘어 모든 인간의 육체가 공통의 해부학을 가지고 있듯이, 정신Psyche 역시 모든 문화 및 의식의 차이를 넘어 하나의 공통된 토대를 가지고 있음을 언급해야만 하겠다. 나는 이를 집단무의식das kollektive Unbewußte으로 나타내었다. 인류 공통의 무의식적 정신은 의식적 소질의 내용이 아니라, 오히려 어떤 동일한 반응들이 되는 잠재적인 성향들로 이루어져 있다. 간단히 말해, 집단무의식이란 인종적 차이를 넘어선 뇌 구조의 동일성이라

황금꽃의 비밀

는 정신적 표현에 속한다. 따라서 신화의 모티브와 상징 및 인간이 서로 이해할 수 있는 가능성 일반에 해당하는 유사성이나 동일성이 그 자체 설명의 근거가 된다. 심혼적 발달의 다양한 노선은 하나의 공통된 근간에서 출발하는데, 그 뿌리는 모든 과거성에 하나로 맞닿아 있다. 여기에는 심지어 동물과의 심혼적 유사성까지도 함께하는 것이다.

　순수하게 심리학적으로 보면, 공통적으로 표상하고 행위하는 본능이 문제가 되는 것이다. 모든 의식적 표상하기와 행위하기는 이러한 무의식적 전형들을 넘어서 발휘된다. 무의식적 전형은 의식이 높은 의식성의 수준에 전혀 이르지 못했을 때, 즉 모든 의식이 기능함에 있어 의식적 의지보다는 오히려 충동에, 합리적인 판단보다는 정동에 의존하고 있을 때 항상 나타난다. 이런 상태는 어떤 원시적 심성의 건강함을 보증하지만, 좀더 높은 도덕적 수행을 요구하는 상황들에서는 전혀 적응이 안 된 것으로 드러난다. 본능은 한 개인으로 하여금 전적으로 한결같은 상태로 머무르려는 강력한 본성으로 자리잡는다. 의식적 선택보다 무의식에 더 의존적인 개인은 뚜렷한 심리적 보수주의 성향으로 기운다. 이것이 바로 원시인들이 수천 년이 지나도 변치 않는 이유이며, 또한 낯선 것과 이상한 것에 두려움을 느끼는 이유이기도 하다. 심리적 보수주의가 원시인을 제대로 적응하지 못하게 할 수 있고, 그 때문에 엄청난 심혼적 위기, 일종의 노이로제에 이르게 할 수 있다. 낯선 것과의 동화를 통하여 좀더 고차적이고도 폭이 넓어진 의식은 자율성의 경향, 즉 오래된 신들을 모반하려는 경향을 나타낸다. 이때의 오래된 신들이란 다름이 아니라, 그때까지 의식으로 하여금 의존성을 가지게 했던 강력한 무의식적 전형들이다.

의식이 강해지고 독립적으로 될수록, 그래서 의식적 의지가 형성될수록 무의식은 배경으로 물러나게 된다. 이러한 의식의 형성에 의해 무의식적 전형들로부터 자유로워진다. 이와 같이 자유를 획득하고, 전적으로 본능에 따르던 속박에서 벗어나게 되면, 의식은 마침내 본능성의 결여나 혹은 본능에 반하는 상태에 이를 가능성이 커진다. 결코 원상의 권위에서 유래했다고 할 수 없을 정도로 뿌리가 뽑힌 의식은 프로메테우스적인 자유를 가지지만, 또한 동시에 불경한 자만을 가지게 된다. 뿌리가 뽑힌 의식은 사물들뿐 아니라 심지어 인간 자신을 감독하지만, 그러나 전혀 개인적이지 않다. 그래서 프로메테우스적으로 코카서스에 묶여 있듯이, 무의식에 의해 인간 공동체에 속한 약자들에 대해 집단적으로 작용하게 될 정도로 변질하는 위험이 생긴다. 중국의 현자는 『역경』의 말을 빌려 말하길, 양이 최대의 크기에 이르면 음의 어두운 힘이 양의 내부에서 생겨나듯이, 정오에 이미 밤이 시작된다고 하였다. 그렇게 양은 파기되고 음으로 변한다.

의사는 그러한 급전이 문자 그대로 삶의 현상에서 일어나는 것을 지켜보는 위치에 있다. 예를 들어, 원하는 것을 모두 이룬 한 성공한 상인이 죽음과 악마성에 관해 전혀 고려하지 않고 지내고 있었다. 마침내 성공의 정점에 이르러서 자신의 활동성을 접게 되자, 바로 노이로제에 걸렸다. 그 노이로제는 그를 만성질환을 앓는 마누라로 만들었고, 불평불만에 차서 늘 누워 지내게 하여 결국은 그를 파멸시켰다. 모든 것은 바로 한순간에 변하는데, 심지어는 남성적인 것이 여성적인 것으로 바뀌게 된다. 이와 매우 유사한 예로 『다니엘서』에 나온 네부카드네자르Nebukadnezar의 전설이 있다. 이는 일반적으로 황제망상에 해당하는 이야기이다. 일방적인 의식적 관점 때문에 생긴 과도한 긴장, 그리고 그에 상응하는 음의 반응과 비슷한 경우들로서, 이는 '의지가 있는 곳에 또한 길도 있다!'고 하는 의식적 의지의 과대평가가 만들어낸 것이다. 우리는 이러한 것이 만연한 시대에 살고 있으므로, 정신과 의사의 실제 작업은 상당한 부분 이를 다루고 있다고 하겠다. 물론 나는 의식적 의지의 높은 도덕적 가치에 대해서는 어떤 것도 깎아내리지 않는다. 의식과 의지란 최고로 고양된 인류의 문화적 획득물이므로 조금도 부정되지 않은 채 보존될 것이다. 그러나 인간을 해치는 도덕성이 무슨 소용이 있는가? 원한다는 것과 할 수 있다는 것을 통일하는 것이 나에게는 도덕성보다 더 중요하다고 여겨진다. 도덕성이 어떤 희생을 치르더라도 지켜야 하는 것이라면, 이는 야만의 징표가 아닌가? 나에게는 지혜롭게 해결하는 편이 더 낫다는 생각이 종종 든다. 이렇게 느끼는 것은 어쩌면 사물을 다르게 보는 의사라는 직업적인 안경 때문일지도 모른다. 의사는 바로 엄청난 문화적 성과라는 항해의 흔적 뒤편에서 일어나는 상해를 고쳐야만 하는 것이다.

어찌되었든 모든 경우 일방적으로 강조된 의식이 원상들Urbilder로부터 너무 멀어져버렸다는 것, 그래서 모두가 파멸에 이른다는 것은 명백한 사실이다. 그리고 그러한 파국이 있기 상당한 시간 전에 이미 본능의 상실, 신경쇠약, 지남력의 상실, 불가항력의 상황과 문제로 드러나는 혼란의 조짐이 있어왔다. 이에 대해 의사로서는 의식의 가치에 반해 완전히 혁명 같은 것, 그래서 의식에 동화되기 어려운 무의식적인 것을 발견한다는 것, 그리고 그것에 대한 역행은 전혀 불가능하다는 것으로 해명할 수 있을 뿐이다. 인간 이성은 그에 전혀 맞설 수 없어서 기껏해야 사이비 해결

책을 제시하거나 잘못된 절충을 유도하는 정도로 대처하므로, 우리는 저절로 불치의 갈등에 노출된 상태에 있다고 하겠다. 어떤 해결이나 절충, 그 어느 쪽도 거부하는 자는 '통일성이 요구되는 필연적 개인의 인격성은 도대체 어디에 있는가'라는 물음에 이른다. 동시에 그는 이를 추구해야 하는 필연적 요구에 직면한다. 여기서 옛날부터 시도하였으나 중국인조차도 어떻게 할 수 없는 사실, 즉 인간 본성의 대립 상태에서 자유로워지는 일, 그 대립을 시야에서 사라지게 하는 일을 시작하게 된다. 의식의 편재성에 힘입어서 그는 원시인의 정신 상태와 같이 긍정과 부정이 근원적으로 함께 이웃하도록 하는 것을 시도한다. 대립들의 충돌을 감지하고, 인도인이 말하는 니르드반드바nirdvandva, 즉 대립에서 자유로워지는 그 피안의 길을 추구하지 않을 수 없게 된다.

우리의 텍스트가 이 길을 다루고 있듯이, 바로 나의 환자들도 그와 같은 길을 다루어야 했다. 여기서 서양인으로서 중국적인 명상 수련을 직접 실행하려 든다면, 물론 대단한 착오일 것이다. 왜냐하면 순진하게 의식이 무의식에 무조건 대항하여 자신을 다시 강화하려 하고, 그렇게 해서 하지 말아야 할 것을 오히려 성취하게 된다면, 서구인들은 그러한 자신의 의지와 의식의 문제를 전혀 해결하지 못하게 될 것이기 때문이다. 이로써 신경증만 더 부추길 뿐이다. 우리 서양인은 결코 동양인이 아니기 때문에 전적으로 동양인과 다른 기초에서 출발해야 한다는 것을 결코 잊어서는 안 된다. 우리가 이것을 신경증적인 것의 개별적 길이거나 신경증적 문제의 각 단계라고 받아들이는 것 자체가 이미 잘못 평가하는 것이다. 의식성이 어떤 비정상적인 수준에 이르렀다고 하는 것, 그래서 무의식적인 것

황금꽃의 비밀

으로부터 너무 멀리 떨어져버린 경우들을 문제삼는다. 이러한 고도의 분화된 수준의 의식성은 그 자체 필수불가결한 조건이다. 무의식의 부적당한 지배력 때문에 앓게 되는 신경증으로 이 길을 가려 한다면 아무런 도움이 되지 않을 것이다. 바로 이런 점에서 인생의 중반부인 35~40세 이전에는 이러한 도의 길은 전혀 의미가 없으며, 심지어 해로울 수도 있다.

이미 지적하였듯이, 새로운 길을 가려 하는 본질적 요구는 우리가 자신의 본성 중 어떠한 측면도 제압하지 않는 것이므로, 환자들의 근본 문제가 해결될 수 없는 것 같아 보이는 정황이었다. 나는 늘 근본적으로 해결하지 못할 문제는 없다는 식으로, 좀 열정적인 증명이라도 하듯이 일해왔다. 그래서 다른 사람 같았으면 완전히 좌초했을 문제를 어떤 사람은 아주 쉽게 넘어가는 경우를 자주 보기 때문에, 위의 사실이 옳다고 생각한다. 내가 앞에서 말한 이러한 '넘어서 자람'은 보다 폭넓은 경험을 통해 등장하는 의식의 수준 상승임이 분명하다. 보다 고매하고 폭넓은 어떠한 관심이 개인의 시야 안에서 생겨나고, 이러한 지평의 확장을 통하여 해결하지 못한 문제의 절박성을 자연스럽게 해결하게 된다. 그것은 그 자체 논리적으로 해결된 것이 아니라, 어떤 새롭고도 더 강한 삶의 방향에 의해 그 문제가 더이상 저항할 수 없을 정도로 약해져버린 것이다. 그것은 억압되었거나 무의식적으로 되어버린 것이 아니라, 또다른 하나의 빛 속에 들어가 새로워진 것이다. 인격의 보다 더 높은 수준에서 본다면, 좀더 하위의 단계에서 거의 다듬어지지 않은 갈등이나 급작스럽고 격렬한 감정의 흐름은, 높은 산의 꼭대기에서 내려다본 골짜기의 악천후에 불과하다. 폭풍우가 골짜기에 있다는 사실은 변함없지만, 우리는 더이상 거기에 있는 것이 아니라, 그 너머 있는 것이다. 그러나 심정적으로 보면 골짜기와 산은 거의 같기 때문에, 그것이 우리에게는 인간적인 것을 넘어서 느껴야 할 비사실적인 상상처럼 보일 것이다. 분명히 우리는 격렬한 감정을 느끼고, 그것으로 인해 몸서리치고, 고통을 당하지만, 그와 동시에 그 의식성을 넘어서 느낄 수 있는 것이다. 그 의식성은 우리를 격렬한 감정과 동일시하는 것을 막아주는 것이고, 그러한 격렬한 감정을 완전히 객관적인 것으로 여겨서 "나는 내가 고통을 겪고 있다는 것을 안다"고 말하게 하는 것이다. "우리가 의식하지 않는 타성은 우리가 의식하는 타성과 수천 마일 거리에 떨어져 있는 것만큼이나 다른 것이다"라는 표현은 전적으로 맞는 말이다.

이런 관점에서 이럭저럭 도달하게 되는 것, 말하자면 한 사람이 암울한 가능성에서 나와 그 자체로 어려움을 넘어서 자라나게 되는 것이야말로 나에게 매우 가치 있는 경험이 되었다. 나는 이런 과정에서, 가장 위대하고 중대한 삶의 문제들이 원칙적으로는 모두 해결 불가능하다는 사실을 통찰하게 되었다. 또한 삶의 문제들은 당연히 그래야만 하는 것이다. 왜냐하면 그것들은 각기 자기 조절 체계 계통이 그 자체 깃들어 있는 필연적인 양극성을 나타내기 때문이다. 그것들은 해결될 수 있는 것이 아니라, 단지 넘어서 자라나야 하는 것이다. 그래서 나는 넘어서 자라날 가능성, 즉 영혼의 확장적 발전이 정상적인 소여성이 아닌지, 그리고 그 때문에 어떤 갈등에 머물러 있는 것이 병적인 것은 아닌지 자문했었다. 개개인은 매번 더 높은 수준에 이르게 될 하나의 싹을 간직하고 있으므로, 그 가능성은 유리한 환경이 되면 전개할 수 있음이 틀림없다. 나는 그러한

황금꽃의 비밀

것들의 발전 경로를 살펴본 결과, 잠잠히 침묵하면서 무의식적으로 그 자체 넘어 자란다는 것을 확인하였다. 그래서 그들의 운명은 모두 어떤 공통적인 것을 가진다는 사실을 알게 되었다. 즉 새로운 것은 외부에서든 내면에서든 어두운 가능성의 영역에서 나와서 운명에 가까이 접근한다는 것이다. 그들은 그것을 받아들이고 거기에서 더 크게 자라난다. 어떤 이는 외부에서, 다른 이는 내면에서 그것을 받아들이는데, 더 나은 표현으로 말하면 그것은 유형적인 차이에 의하여 외부에서 혹은 내면에서 주어지는 것처럼 보일 것이다. 그러나 새로운 것은 외부로부터든 내면으로부터든 결코 그 자체 독자적으로 하나였던 적은 없다. 외부에서 그것이 유래했다면, 그것은 가장 강력한 내면의 체험이 될 것이다. 마찬가지로 그것이 내면에서 비롯되었다면 가장 강력한 외부의 체험이 될 것이다. 그러나 그것은 결코 의도적이고 의식적으로 끌어내어 이루어진 것은 아니고, 오히려 시간의 소용돌이에서 저절로 야기되는 것이다.

모든 것을 동원하여 하나의 새로운 의도와 방법을 형성하려는 시도는, 아직 아무런 것도 미리 상정하고 있지 않으므로 매우 추상적이라고 표현할 만큼 나에게는 엄청난 것이다. 왜냐하면 새로운 것은 기존의 그 어느 것도 아니어야 하고, 또한 '기계적으로' 다양화할 수 있는 그동안의 것과는 다른 처치가 이루어진 것이어야 하기 때문이다. 그래서 그것은 사용할 줄 모르는 사람의 손에 쥐여준 '제대로 된 도구'가 되어버릴 것이기 때문이다. 나에게는 그러한 것들이 언제나 다음과 같은 사실로서 가슴 깊이 새겨졌다. 새로운 것은 운명적으로 결코 의식적 기대에 부응하지 않는다는 점, 그럼에도 여전히 가치 있다는 점, 즉 우리가 알고 있듯이 어떤 경우에는 잘 뿌리내린 본능에 모순되지만, 전체 인격성에 대해서는 아주 드물게나마 기가 막히게 딱 맞는 표현이라는 점, 그럼에도 도무지 우리가 전혀 상상하지 못하는 그런 표현이 된다는 점이다.

이런 인간은 해방하는 걸음을 내딛기 위해 무엇을 했던가? 내가 아는 한 무위無爲[1]를 행하는 것인데, 일상에서 종사하는 일을 포기하지 않으며, 여조呂祖가 빛이 자신의 고유한 법칙에 따라 회전한다고 가르쳤듯이, 그냥 일어나게 내버려두는 것이다. 일어나게 내버려두는 것이야말로 무위로 나타나는 행위인데, 에크하르트Meister Eckhart도 그 자체로 내버려두는 것을 제시하였다. 이런 것이 나에게 길을 가는 문을 열 수 있는 열쇠를 갖게 했다. 우리는 심혼적으로 일어나게 내버려둘 수 있어야 한다. 이것은 수많은 사람들이 결코 이해하지 못하는 참다운 기술의 하나이다. 우리들의 의식은 항상 보완하고 교정하고 부정하면서 사이에 뛰어들며, 어떤 경우든 정신 과정이 그저 단순히 이루어지도록 조용히 내버려두지 않기 때문이다. 과제는 간단하게 충족될 것이다. (만약 단순함이 모든 것 중 가장 어려운 과제가 아닌 것이었다면!) 우선적으로 심혼이 전개되도록 한 번쯤 환상의 단편을 그냥 객관적으로 지켜보는 것이 과제의 전부다. 이 이상 단순한 것이 없는데도 여기에는 벌써 어떤 어려움이 있다. 우리는 겉보기에 전혀 환상의 단편을 가지지 않은 것처럼 여기는데—가지고는 있지만, 그것은 너무 바보 같은 것들이어서—그에 대한 수천 가지 그럴싸한 근거를 가지고 있다. 우리는 그것에 집중할 수 없어하며—그것은 지루하다—도대체 이런

---

1 무위에 의한 행위.

작업에서 무엇이 나온다는 말인가?—그것은 '아무것도 아닌데'—하고 반응한다. 의식은 이처럼 풍부한 이의를 제기한다. 보다 더 높은 통찰과 참견 없이 정신의 과정을 수용하려는 굳건한 의도가 있음에도 자발적으로 발생하는 환상 활동을 없애는 것에 열중하는 것이다. 어떤 때에는 공식적인 의식의 싸움이 생긴다.

첫 어려움을 극복하는 데에 성공한다면, 그 이후에 비판이 끼어들어 환상의 단편을 해석하고 분류하고 심미화하여 가치를 제거하려는 시도가 있게 된다. 그렇게 관여하는 시도는 거의 극복하기 어려운 것이다. 충분히 공들인 관찰이 있은 후에야 참을성 없는 의식의 고삐를 늦출 수 있게 된다. 결국 그렇게 되어야만 하며, 그렇지 않으면 의식의 방해적인 저항이 생길 뿐이다. 그러나 매번의 관찰에서 의식의 활동성은 새로운 차원의 의식으로 유도되도록 한쪽으로 물러서야 한다.

이런 노력의 결과는 대부분 그냥 고무되는 것이 아니다. 대부분 어디에서 와서 어디로 가는지 알 수 없게 하는 참다운 환상의 방직물이 문제이다. 또한 환상 작업에 이르는 길은 사람마다 제각기 다르다. 어떤 이는 그것을 쉽게 글로 써서 나타낸다면, 다른 이는 시를 지어서 표시하고, 또다른 이는 시각화하여 나타내거나 그림으로 표현한다. 높은 수준의 의식은 이에 대해 싸움을 하므로 단지 손만이 환상을 만들어낸다. 손이 조형 작업을 해서 의식에 전적으로 낯선 형상을 제공한다.

이런 수련은 의식의 싸움이 해결될 때까지, 즉 환상이 일어나도록 내버려둘 수 있을 때까지 계속될 것이다. 이것이 수련의 바로 다음 목표에 해당한다. 이를 통하여 새로운 의식의 태도를 형성하게 된다. 의식은 바로 그렇게 일어나고 있는 것das Geschehende이기 때문에, 점차 비합리적인 것과 파악이 안 되는 것을 받아들이는 태도를 갖게 된다. 이런 태도는 일어나고 있는 것에 의하여 압도당해버린 사람에게는 독이 될지도 모른다; 이 태도는 오직 의식의 판단을 통하여, 늘 일어나고 있는 것에 대해 의식에 부합하는 것만 선택하고, 차츰 그것으로 인하여 자신도 모르게 생명의 흐름에서 빠져나와, 생명 없는 엉뚱한 다른 웅덩이에 이르렀던 사람에게는 가장 높은 가치를 가진다.

여기서 위에서 언급한 두 유형의 길이 서로 나뉜다. 그 둘은 제각기 자신에게 다가오고 있는 것을 받아들이도록 배웠다. 여조가 가르쳤듯이, 그 업무가 우리에게 일어난다면 우리는 그것을 받아들여야 하고, 만약 대상이 우리에게 다가온다면 그것을 근원에 도달하기까지 인식하여야 한다. 한쪽은 주로 외부에서 자신에게 다가오는 것으로 받아들이게 될 것이고, 다른 한쪽은 내면에서 일어나는 것으로 그것을 받아들이게 될 것이다. 그래서 그것은 삶의 원천이 되듯이, 한쪽은 이전에는 결코 외부에서 받아들이지 않은 것을 내면에서 받아들이고, 다른 한쪽은 늘 제외시켰던 것을 내면으로부터 받아들이게 된다. 그것이 단순히 생겨나는 환영이 아닌 한, 그 이전의 가치가 역전되어도 함께 붙잡고 버티고 있다면 그러한 본질의 역행은 개별 인격의 확장이나 고양 및 증대를 가져온다. 만약 그것을 함께 버티지 못하면, 개인은 다른 측면에 빠져들게 된다. 그래서 그는 유능한 상태에서 무능한 상태로, 적응에서 부적응으로, 의미 있음에서 의미 없음의 상태로 빠진다. 심지어는 이성적 상태에서 정신적 장애 상태에 이르고 만다. 길에는 도처에 위험이 도사리고 있다. 모든 선은 가치가 있으

황금꽃의 비밀

며, 개별 인격의 발전은 그와 같은 높은 가치의 것에 속한다. 자기 자신에게 긍정하도록 한다는 것은—자신을 가장 진솔한 과제로서 설정하는 것이고, 행하는 것은 모두 늘 의식적으로 유지시키고, 자신의 의심스러운 측면에서 일어나는 모든 것들은 늘 있는 그대로 목격하려는 것으로—참으로 골수에 새겨야 할 과제이다.

중국인은 그들의 문화 전체의 권위에 기초하고 있다. 그래서 그들은 이런 긴 여정에서 자신들이 잘할 수 있는 것, 그것도 이미 잘 알려진 최상의 것을 행할 수 있다. 그러나 서양인은 지성적, 도덕적 그리고 종교적인 배경에 있어서 매번 대항하며 모든 권위를 설정하고, 실제로 그 길로 가고 있다. 서양인도 동양의 잘 알려진 길로 접어들고 싶어할 것이다. 그래서 중국적인 길을 모방하고, 마음이 불편한 유럽적인 것은 그대로 내버려두려는 쉬운 방식을 택할 것이다. 혹은 쉽지 않지만 기독교적 교회에서 요구한 유럽적 중세로 되돌아가는 길을 다시 찾게 될지도 모른다. 이것은 여기저기에서 사는 불쌍한 이교도, 민속학적으로 드러난 기묘함들과 참된 기독교적 인간의 사이를 떼어놓을 유럽인적 장벽을 다시 세우는 일이 될 것이다. 생명 및 운명에 관하여 심미적 혹은 지성적으로 시시덕거리기는 여기서 갑작스럽게 끝이 난다. 더 고양된 의식으로의 걸음은 모든 배면의 발견과 안전화에서 이루어야 한다. 우리는 여기서 스스로를 전적으로 희생해야 한다. 왜냐하면 우리는 전적으로 그와 같은 자신의 고결함에서 계속 나아갈 수 있기 때문이다. 오로지 자신의 고결함만이 어긋난 모험이 되지 않을 유일한 보증이기 때문이다.

한 사람이 자신의 운명을 외적으로든 내적으로든 진정으로 받아들이는 길에 대한 체험과, 그에게 실제로 일어나는 사건은 서로 동일한 것이다. 나는 그 체험이 상세하게 다룰 수 없을 정도로 다양하게 전개된다는 것을 알고 있는데, 여기서는 이에 관해 말할 필요가 없다. 그것들은 이제 내가 주석을 가할 이 텍스트를 고려할 때 사소한 것에 불과하다. 이에 반해 의식이 더 확장되는 발전을 수반하는 심혼적 상태에 관해서는 말할 것이 많다. 이런 심혼적 상태는 텍스트에서 상징적으로 잘 표현되어 있다. 나는 수년 동안 내 진료실에서 그와 같은 잘 알려진 상징들을 발견할 수 있었다.

# 기초 개념

## 1. 도道

이 책이나 이와 유사한 텍스트[2]를 유럽적 정신으로 번역하는 데는 엄청난 어려움이 있다. 왜냐하면 중국의 저자가 언제나 중심에서 출발하는 데 비해, 우리 서양인은 정점, 목표 혹은 가장 최종적으로 도달하는 통찰로 부를 만한 지점에서 시작하기 때문이다. 또한 한 개인이 동양의 가장 위대한 인물들의 미묘한 심혼적 경험에 관하여 지성적인 담론으로 알리는 것이므로, 비판적 지성으로 보면 우스꽝스러운 월권이 되거나 혹은 말도 안 되는 것을 말한다는 느낌이 들 수 있는, 몹시 부담스러운 작업이다. 그래서 우리의 텍스트는 이렇게 시작한다: "그 자체로 존재하는 것을 도라

---

2 유화양柳華陽의 『혜명경慧命經』.

고 한다." 그리고 『혜명경』은 다음과 같이 시작한다: "도의 가장 내밀한 비밀은 본성性이고, 생명命이다."

서양의 정신은 도에 대해 아무런 개념을 갖지 못하는 것이 가장 두드러진 특징이다. 도에 대한 중국 문자는 '머리'라는 뜻의 '首'와 '가다'라는 뜻의 '行'이 합쳐져서 이루어진 것이다. 빌헬름도 도를 '의미'[3]로 번역하고 있다. 다른 이들은 도를 '길' '섭리'로, 심지어 예수회의 수도자들은 '신神'으로 번역한다. 이는 모두 번역하기 곤란함을 나타낸다. '머리首'는 의식을,[4] 그리고 '가다行'는 '길'을 지시한다. 그 이념은 다음과 같다: '의식적으로 가다' 혹은 '의식적인 길'이다. 이로써 '천상의 심장'으로서 '두 눈 사이에 살고 있는' '천상의 빛'이 도와 동의어로 사용되었음을 보여준다. 본성과 생명은 천상의 빛에 포함되는데, 유화양柳華陽에 따르면 그것들은 도의 가장 중요한 기반이다. 이제 '빛'은 의식의 상징적 등가물이며, 의식의 본성은 빛이라는 유비로서 표현된다. 『혜명경』은 다음과 같은 구절로 서두를 장식한다.

너는 다함없이 금강체를 완성하려고 하는가.
그러면 너는 의식[5]과 생명命의 뿌리를 뜨겁게 달구어야 한다.
너는 늘 가까이 둔 지복한 영토를 환히 밝혀내어야 한다.

---

3  또한 '길'로 번역된다.

4  머리는 바로 '천상의 빛이 자리하는 곳'이다.

5  '본성性'과 '의식慧'은 『혜명경』에서 혼용된다. (둘은 모두 '생명命'에 대립되는 것들이다. 그러나 그 둘은 서로 동일하지 않다.)

그리고 너는 언제나 참된 너 자신에 은둔하여 살라.

이런 구절은 일종의 연금술적 가르침, 즉 우리의 텍스트에서 의미하고 있는 바로 '금강체金剛體, diamantnen Leibes'의 생산을 위한 하나의 방법이나 길을 의미한다. 여기에다 정신적 존재가 거주한다는 것을 훤히 '밝히게' 되도록 '뜨겁게 달구는 것', 즉 의식의 고양을 요구한다. 의식뿐 아니라, 생명命도 고양되어야 한다. 이들이 함께함으로써 그 결과로 '의식적이 된 생명'이 나타난다. 『혜명경』에 따르면, 옛날 현자들은 의식과 생명 둘 다를 돌보아 의식과 생명이 서로 떨어져 있지 않게 하는 것으로 이해하고 있었다. 이런 방식으로 "사리(불사不死의 몸체)가 형성되고", 그리고 이런 방식으로 "위대한 도를 완수하게" 되었다.[6]

만약 우리가 서로 분리된 것을 하나로 합쳐야 하는 도를 방법이나 의식의 길로 파악한다면, 그 개념은 심리학적인 내용으로 좀더 가까이 접근한 것이 될 것이다. 어떤 경우에든 우리는 의식과 생명의 분리를 의식이 뿌리 뽑힌 것으로 이해한다. 의심할 바 없이 법칙의 의식화에 관한 물음, '전환Umkehrung', 말하자면 의식에 의한 무의식적 생명 원칙과의 재통합이 문제가 된다. 그래서 이런 통합의 의도는 의식적이 된 생명이 목표이다. 이를 중국식으로 표현한다면 도의 복원이다.

---

6  204쪽을 보라.

## 2. 원환주행과 중심점

더 높은 수준에서 대극의 통합[7]이 이루어지는 것은, 이미 밝혔듯이 전혀 합리적인 작업도 의지의 문제도 아니고, 오히려 상징으로 드러나게 되는 정신적인 발전 과정이다. 정신의 과정을 나타내는 상징은 역사적으로 드러나고, 또한 오늘날에도 개인의 인격 발달에서 같은 상징의 형태로 드러나게 된다. 나는 이런 사실을 다음과 같은 경험을 통해 알게 되었다: 우리가 위에서 다루었던, 자발적으로 일어나는 환상적 산물들은, 말하자면 '원리prinzipien', 그노시스적으로 '근원archai'이라고 표시하는 것으로, 그것은 점차 구체적인 형성물로 더 심화되고 두드러진다. 환상이 주로 사상적으로 표현되는 곳에는 그 어두운 막연한 법칙이나 원리를 나타내는 직감적인 구성 양식이 우선적으로 이루어져서 극화되거나 의인화되어 등장하게 된다. (이에 대해서는 나중에 더 다루겠다.) 환상들이 모습을 드러내게 되면, 주로 '만다라Mandala'[8] 형태에 속하는 상징이 생성된다. 만다라는 원환, 특별히 마법의 원환을 말한다. 만다라들은 동양의 전 지역에 널리 퍼져 있을 뿐 아니라, 중세 서양에서도 풍부하게 생산되었다. 특별히 기독교적으로 그것은 주로 아주 초기의 중세 시대에 유래한 것이며, 대부분

---

7   나의 전집 제6권 *Psychologische Typen*(1960) 제5장에서의 논의를 참고하라.

8   만다라에 대한 보다 자세한 언급은 다음을 참고하라. H. Zimmer, *Kunstform und Yoga im indischen Kultbild*(Berlin, 1926); M. Eliade, *Yoga, Unsterblichkeit und Freiheit*(1960); Jung, "Zur Empirie des Individuatioinsprozesses"; "Über Mandala-symbolik", in: *Gestaltungen des Unbewußten*(1950).

4대 복음서 혹은 네 명의 복음서 저자들을 의미하는 상징들로서, 그 한가운데 그리스도가 위치한 형태이다. 이집트적으로는 호루스 신이 그의 네 아들과 함께 있는 모습으로 그려지는데,[9] 이러한 관觀은 매우 오래된 것임이 틀림없다. (호루스가 네 아들을 동반한 것은, 그리스도가 네 명의 복음서 저자를 동반한 것과 같은 관계 양상이다.) 그보다 후기에 그려진 더 뚜렷하고 매우 흥미로운 만다라는 야코프 뵈메가 영혼에 관해 쓴 책에서 나타난다.[10] 거기서는 기독교적인 특징이 매우 두드러진 정신적, 우주적인 체계가 다루어지고 있음을 분명히 볼 수 있다. 그는 그것을 '철학자의 눈'[11] 혹은 '지혜의 거울'이라고 부르는데, 이는 사실상 비밀스러운 앎知의 종합을 의미하였다. 대부분은 숫자 4를 표방하는 꽃, 십자가나 바퀴를 나타낸다(그 모양은 피타고라스적인 테트락티스, 즉 기본수를 환기시킨다). 그러한 만다라는 푸에블로 인디언[12]의 문화적 관습에서도 그에 상응하는 모래 그림으로 나타난다. 가장 아름다운 만다라는 물론 동양, 특히 티베트불교가 가지고 있다. 우리가 다루는 텍스트의 상징들도 이런 만다라로 표현되어 있다. 나는 정신질환자에게서, 그리고 만다라에 대해 전혀 아는 바가 없는 사람

---

**9** Wallis Budge의 *The Gods of the Egyptians* (London, 1904)를 참고하라.

**10** *Viertzig Fragen von der Seele* (Amsterdam, 1682).

**11** 두 눈 사이에 있는 천상의 빛에 관한 중국적 개념을 참고하라.

**12** Matthews의 *The Mountain Chant* (The Bureau of Ethnology의 5번째 연보, 1883~84), Stevensson의 *Ceremonial of Hasjelti Dailjis* (The Bureau of Ethnology의 8번째 연보, 1886~87).

들에게서도 만다라 그림을 발견했다.[13]

나는 환자들 중 만다라를 그림으로 그리지 않고 춤으로 추는 여성들의 사례들을 살펴본 적이 있다. 인도인들에게는 그에 대한 용어가 있다: 만달라 느리티아Mandala nritya, 즉 만다라 춤이다. 춤의 형상은 그림이 가진 의미와 같은 것을 나타낸다. 환자들 자신은 만다라의 의미에 대해서는 거의 해명하지 못한다. 그들은 단지 그에 매료되고, 그래서 그것을 주관적인 심혼적 상태와 관련지어서 풍부한 의미를 갖고 있고 효력을 발휘하는 것으로 느낀다.

우리의 텍스트는 "위대한 일자─者인 황금꽃에 관한 비밀을 공개할 것"을 약속한다. 황금꽃은 빛이며, 천상의 빛은 도이다. 황금꽃은 내가 환자들에게서 자주 마주쳤던 바로 그 만다라 상징에 해당한다. 황금꽃은 규칙적인 기하학적 장식으로, 혹은 만발한 꽃의 조감도로 그려진다. 그 식물은 저 아래에 있는 어떤 어두움으로부터 움트고 상부에 빛의 꽃을 들어올리고 있는, 빛이나 불꽃의 색채로 모습을 드러낸 형상으로 가장 자주 나타난다(마치 크리스마스트리와 비슷한 상징이다). 그와 같은 그리기에서 저절로 황금꽃이 등장하게 되는데, 『혜명경』에 따르면 '배아주머니Keimblase'는 다름아니라 '황색의 궁전' '천상의 심장' '생명의 단이 되는 공간' '1척의 집에 위치한 1인치 크기의 영토' '보석으로 이루어진 도시에서 나타나는 자색 장소' '어두운 통로' '선천의 공간' '바다 밑 용궁'[14]에 해당한다. 황

---

**13** 나는 한 몽유병자의 만다라를 "Über die Psychologie und Pathologie der sogenannten okkulten Phänomene"(1902)에서 소개하였다. 전집 제1권에 수록.

금꽃의 출현은 또한 '설산의 변경' '근원적 통로' '가장 지복한 영토' '무한의 땅' '의식과 생명이 펼쳐지는 제단'이라고도 부른다. 『혜명경』은 "만약 죽는 이가 이런 시원始原의 위치를 알지 못하면, 수천의 탄생과 수만의 세대를 거치더라도 의식과 생명을 하나로 하는 통일성을 발견하지 못하게 될 것이다"라고 하였다.

그래서 모든 것이 하나로 있는 첫 출발은 또한 최고의 목표로 드러나는데, 그것은 바다의 바닥, 즉 무의식의 어두움 속에 있다. '배아주머니'에서 의식과 생명(본성과 생명, 즉 性과 命)은 아직 '통일체', 즉 "불에 달구어진 화로 속 불씨처럼 나누어지지 않고 혼합되어 있는 것"이다. "배아주머니 내부에는 지배자의 불이 있다." "배아주머니에서 모든 현자들이 각자의 작업을 시작한다."[15] 우리는 불의 유비를 주목하게 된다. 나는 일련의 유럽 만다라 그림에 관해 알고 있다. 그것은 식물의 핵세포가 어떤 외피에 싸여 물속에 떠 있는 형상으로, 심연으로부터 불이 일어 그 식물의 맹아를 관통하고 성장하게 한다. 이런 방식으로 배아주머니에서 자라나 위대한 황금꽃의 탄생이 이루어지는 것이다.

이런 상징적 표현은 달구고 정제하는 일종의 연금술적 과정과 관련된다; 어두움은 빛으로 향하는데, '물속에 있는 납'에서 정제된 황금이 출현한다. 즉 무의식은 하나의 공통된 생명 과정과 성장 과정의 형태로 인해 의식이 된다.(여기에 해당하는 전체적 비유가 쿤달리니 요가이다.[16]) 그런 형상

---

**14** 204쪽을 참고하라.

**15** 205~206쪽을 참고하라.

은 의식과 생명이 통합된 결과로 나타나는 것이다.

내 환자가 그러한 심상들을 그리게 된 까닭은, 당연히 어떤 암시에 의한 것이 아니다. 왜냐하면 그러한 심상들은 내가 동양의 낯선 정신 수행에 관해 알기도 전에 이미 그려졌기 때문이다. 그 심상들은 완전히 자발적으로 나온 것으로, 주로 두 가지의 근원지에서 비롯된다. 한 근원지는 그러한 자발적 환상들이 생산되는 무의식이고, 또다른 근원지는 완전히 자신의 과제에 몰두함으로써 자기Selbst에 대한, 즉 개별적 인격의 본질적 감지에 의해 발휘되는 생명이다. 후자의 감관적 인지는 그림으로 표현하게 되는 것이고, 전자의 감관적 인지는 전적인 헌신을 요구하는 것이다. 이는 동양적인 이해와도 일치하는 것으로, 만다라 상징은 표현하고 있다는 것뿐 아니라, 효과를 갖고 있기 때문이다. 만다라는 그 제작자에게로 돌아가도록 작용한다. 그것은 고태의 마술적 효과를 그 자체로 감추고 있다. 이는 수없이 많은 민족의 관습에서 확인 가능한 것으로,[17] 이는 마법에 해당하는 '보호 작용을 하는 원환' '영향력 있는 영역'에서 기인하는 것이다. 이 심상은 뚜렷한 목적을 가지는데, 그것은 '새어나감'을 막기 위한, 혹은 외부적인 것에 이끌려 전환하는 것을 재앙막이식으로 막기 위한 '원초적 경계 지역'이다. 다시 말해, 중심을 둘러싼 마술적인 경계 지역, 즉 가장 내밀한 인격성을 나타내는 탑이나 성역聖域이 위치하도록 하는 것

---

16 A. Avalon의 *Die Schlangenkraft*(Weilheim, 1961)를 참고하라.

17 E. F. Knuchel의 선집 *Die Umwandlung in Kult, Magie und Rechtsgebrauch*(Basel, 1919)를 참고하라.

황금꽃의 비밀

을 목적으로 삼는다. 이와 같이 마술적 관습은 다름아니라, 바로 심혼적으로 일어난 것의 투사이다. 이때의 투사는 일종의 자신의 고유한 개인 인격의 마법 걸기와 같아서 심혼으로 되돌려 적용되려 한다. 즉 확실한 행위에 의하여 지지되는 것이며, 매개된 주의력을 다시 되돌리는 것인데, 더 나은 표현으로 하자면 내면의 신성력에 대한 참여자가 되는 것이고, 심혼의 근원과 목적이며, 피안에서 이미 한 번 가졌으나 생명과 의식에 의하여 잃어버렸던 것을 다시 찾게 되는 통일성을 의미하는 것이다.

그 둘의 통일성이 바로 도인데, 『바르도 퇴돌*Bardo Tödol*』, 즉 『티베트 사자死者의 서書』[18]도 비슷하게 표현했듯이, 그 상징은 중심에 흰빛으로 자리잡은 형태로 나타난다. 이 빛은 '사각 공간', 혹은 얼굴 중 특히 두 눈 가운데 자리잡는다. 그것은 '창조적 지점'이며, 더이상 공간적인 확장이 없는 내향적 의향성Intensität을 나타낸다. 사각의 공간은 즉 무한의 확장에 대한 상징적 표현인 것이다. 그 둘을 모두 합친 것이 도이다. 본성性이나 의식은 빛으로 상징화한다. 그래서 그것은 의향성에 해당한다. 생명命은 그러한 외향적 의향성과 함께한다. 전자는 양의 특성이고, 후자는 음의 특성이다. 앞서 언급한 만다라는 30년 전 만난 약 15세의 소녀 몽유병 환자가 그린 것으로, 전적으로 중국적 근본 이념과 유비할 수 있는데, 대립쌍적이자 공간적인 원칙에 의해 직접 유출해서 밀어붙여, 그 중심에 공간적 확장이 더이상 없게 되어버린 '생명의 샘'을 나타내었다.

이 텍스트에서 '주변을 둘러싸기' 혹은 '원환으로 걸어다니기'는 '원환

---

**18** Evans-Wentz의 *Das tibetanische Totenbuch*(제6판, Zürich, 1960).

주행Kreislauf, 回光’이라는 이념으로 표현되었다. 이 ‘원환주행’은 단순한 원환운동이 아니라, 한편으로는 성역이 가진 특별함의 의미를, 다른 한편으로는 고정과 집중의 의미를 가지고 있다; 태양의 수레바퀴가 달리기 시작하는 것, 즉 태양이 다시 궤도를 돌기 시작하여 그 운행을 주도한다는 것이다. 그 행위는 무위로 설정된다. 즉 모든 원주의 운행은 중심의 명령에 따르는 것이다: 그래서 “운행은 지배라는 것에 대한 또다른 이름”이라고 한다. 심리학적으로 이런 원환주행은 자기 자신의 둘레를 한 바퀴 돌아 제자리로 돌아가는 것이다. 여기서 한 개인의 고유한 인격성의 모든 면모가 그러한 공동의 작업에 공공연히 참여하게 된다. “빛과 어두움의 양극은 원환의 운동을 일으키게 된다.” 즉 그것은 밤과 낮의 교체를 야기한다. “그것은 낙원의 밝음을 심연의 공포스러운 밤으로 바꾸게 한다.”

그래서 원환운동은 인간의 본성 및 모든 심리학적 대립들인 밝고 어두운 힘들에 활력을 불어넣는 도덕적 의미를 가진다. 그것은 바로 자기 부화(인도식으로 ‘타파스Tapas‘)를 통한 자기 인식을 의미한다. 완전히 실현된 본질에 대한 어떤 비슷한 원原표상은 플라톤적으로 남녀 한 쌍의 결합으로 이루어진 둥근 형태의 인간이다.

여기서 언급된 것에 대한 가장 아름다운 비유 중 하나로, 연금술사 애너 킹스포드Anna Kingsford의 조력자인 에드워드 메이틀랜드Edward Maitland가 자신의 핵심적 체험을 묘사한 것을 들 수 있다.[19] 나는 여기서 그의 고

---

**19** 나는 이런 자료를 제공한 뉴욕에 있는 나의 소중한 동료 비어트리스 힝클Beatrice Hinkle에게 감사한다. 그 책은 메이틀랜드의 *Anna Kingsford. Her Life, Letters, Diary and Work* (London, Redway, 1896)로, 특히 129쪽 이하를 참고하라.

유한 언어적 표현을 가능한 한 그대로 따르고자 했다. 그는 숙고중에 하나의 이념에 대해 연결된 일련의 것, 소위 이념들을 시각적으로 만드는 것을 발견했다. 그것은 신적인 정신이라고 여겨지는 것의 근원으로 되돌아가는 것까지 시각화하는 것이다. 그는 일련의 것에 집중함으로써 근원을 관통하는 시도를 실현하였던 것이다.

나는 나 스스로 이런 시도를 하기로 결심한 당시에는 아무것도 알지 못했고, 아무런 기대도 가지고 있지 않았다. 나는 그냥 이런 능력을 실험했을 때 일련의 그런 것들을 따라, 그 체험을 그대로 기록하기 위하여 책상에 앉아서, 외부와 주변 의식을 고정하고 내가 내면이자 중심인 의식성에 얼마나 접근하게 될지 전혀 고려하지 않으리라 결심하였다. 나는 한번 의식을 잃어버린다면 처음 상태로 되돌아올 수 있을지조차 알 수 없었으며, 혹은 그 체험적 사건을 제대로 감지할 수 있을지조차도 확신할 수 없었다. 결과적으로, 나의 엄청난 노력으로 인해 비록 긴장이 너무 컸지만, 의식의 두 최극단을 동시에 붙드는 데 성공하였다. 처음에는 마치 내가 원의 둘레에서 나의 고유한 체계이자, 태양의 체계이고 우주적 체계였던 한 체계의 중심점에 이르도록 내내 긴 사다리를 오르는 듯한 느낌이 들었다. 이 세 체계는 다양하지만 동일적이다. 결과적으로 마지막 필사의 노력 끝에, 내 의식이 발하는 빛이 하나의 갈구하던 점으로 집중하기에 이르렀다. 이 순간 갑자기 모든 발하는 빛이 하나로 모여들더니, 그것은 놀랍고도 형언하기 어렵지만, 뻗어나오는 흰빛으로 내 앞에 펼쳐졌다. 그것의 힘은 나를 거의 끌어당겨 삼켜버릴 듯 엄청난 것이었다. (…) 나는 그 빛을 더이상 따를 필요가 없다고 생각했다. 그래서 그것이 무엇을 품고 있는지 보기 위하여 거의 나의 눈이 멀 정도로 그것을 관통하려는 시도를 했다. 이렇게 다시 한번 엄청난 노력을 들여서 확인한 것은 (…) 아들(그리스도 혹은 연금술적으로 철학자의 아들—옮긴이)의 이중성이었다. (…) 그것은 감추어진 것이 마침내 공개되는 것으로, 정의되지 않은 것이 정의되고, 비개별적인 것이 개별화하는 것이었다. 그것은 자신의 이중성으로 드러나는 주인이신 신이었다. 그 신은 본질이자 또한 힘이며, 사랑이자 의지이고, 여성적이자 남성적이고, 어머니이자 아버지이다.

그는 마치 인간이 그렇듯 두 신神이 일자—者 속에 있음을 발견하였다. 그는 역시 우리의 텍스트가 드러내고 있는 그것, 즉 '호흡 정지 상태'를 다음의 사실에서 알아차린 것이다. 그는 보통의 호흡하기를 멈추고, 일종의 내면의 호흡하기가 대신했다고 한다. "마치 다른 인격이 신체적인 기관과 상관없이 그 안에서 숨 쉬었던 것처럼." 그는 이런 본성을 아리스토텔레스의 '엔텔레키'와 사도 바울의 '내면의 그리스도'로 간주하면서, "정신적이고도 실체적인 개인 인격성은 육체적이고 현상학적인 개인성을 내부에서 산출하고 그로 인하여 초월적인 단계에 이르게 된 인간의 재탄생을 나타내는 것이다"라고 말했다.

이런 진정한 그 자신만의 체험[20]은 우리 텍스트의 모든 본질적인 상징들을 포함한다. 현상 그 자체, 즉 빛의 비전vision은 의심할 바 없이 가장

---

[20] 그러한 체험이 참된 것이다. 그런데 그러한 순수함은 환자들로부터 끌어내게 되는 결론 혹은 결과들이지만, 반드시 정신적으로 건강함을 보증하는 것은 아니다. 그럼에도 정신병의 경우 반드시 진정한 것으로 받아들여져야 하는 정신적 체험들도 있다.

황금꽃의 비밀

의미심장한 것으로, 많은 신비가들이 겪는 공통의 체험이다. 왜냐하면 모든 시대와 전 지역을 통틀어 그것은 가장 위대한 권능과 가장 고매한 의미로서 그 자체 모든 것을 통합하고 있는 무제약적 존재임을 입증하고 있기 때문이다. 그런 신비체험을 무시한다고 하더라도, 힐데가르트 폰 빙겐 Hildegard von Bingen은 이런 의미 있는 인격성을 그녀의 중심이 되는 비전 전체에 걸쳐서 거의 비슷하게 표현하였다.

어린 시절 이래로 줄곧 나는 심혼에서 빛을 본다. 그러나 내면의 눈으로 혹은 마음속의 생각으로 보는 것이 아니다; 또한 외부 오감은 이런 시력에 관여하지 않는다. (…) 내가 감지하는 그 빛은 어떤 장소적인 것에 속하지 않으며, 태양을 품고 있는 구름보다 더 많이 빛난다. 나는 그런 상태에서 높이, 너비 혹은 길이를 구분해낼 수 없다. (…) 그러한 환경에서 보거나 배우는 것은 내 기억에 오래 남는다. 나는 보고, 듣고 그리고 동시에 알게 되며, 그 순간에 또한 내가 알고 있음을 배운다. (…) 나는 이런 빛에서 어떤 형상도 알아채지 못하지만, 그럼에도 그 빛에서, 나에게는 살아 있는 빛으로 부르게 된 또다른 빛을 잠깐 동안 보기도 한다. (…) 내가 이런 빛을 바라보며 기뻐하는 동안, 나의 기억에서 나온 모든 슬픔과 고통이 사라져버린다. (…)[21]

나도 이런 체험적 사실을 겪은 몇몇 사람들을 알고 있다. 그들만의 경험에서 우러나오는 그런 종류의 현상에 관해 어떤 것을 이끌어내어 보면,

---

21 *Hildegards Brief an Mönch Wibert von Gembloux über ihre Visionen*(1171).

그것은 아주 몰두된 의식이 추상적 의식이 되어, 그런 의식의 절박한 상태를 나타내고 있는 것처럼 보인다. 이는 힐데가르트가 적절하게 지적하듯이, 어두움으로 덮여 있는 심혼적 사건의 영역이 의식으로 끌어올려진 '자유롭게 풀려난' 의식에 관한 것이다(아래를 참고하라). 종종 신체적인 보편적 감각이 없어지는 경우도 생기는데, 감각에 필요한 특별한 에너지가 심혼적 사건이 일어난 영역으로 인도되어, 의식성을 강하게 밝히도록 적용된 것으로 나타난다. 그 현상은 원래 자발적으로 자신의 고유한 동인動因에 의해 생겨났다가 사라진다. 그 효과는 내면의 인격성이 언제나 심혼적 어려움을 해결하고, 정서적이고 이념적인 얽힘에서 해방되고, 일반적으로 '해방감'으로 감지되는 본성의 통일성을 산출할 정도가 되도록 변화하는 놀라운 것이다.

의식적 의지는 그러한 상징적 통일성에 도달할 수 없다. 의식은 그런 경우에 편파적이기 때문이다. 그의 적대적 상대는 전혀 의식의 언어를 이해 못하는 집단무의식이다. 이 때문에 무의식에 말을 거는 피안의 원시적 유비주의를 포섭하도록 '마술적' 작용을 하는 상징이 필수적이다. 상징을 통해야만 무의식에 도달할 수 있고, 그것을 표현할 수 있다. 그 때문에 개인의 전全인격화Individuation는 결코 상징에서 벗어나서는 이루어질 수 없다. 상징은 한편으로는 무의식의 원시적인 표현이고, 다른 한편으로는 의식의 가장 고도의 직관적 감지에 상응하는 이념이다.

내가 아는 가장 오래된 만다라 그림은 최근에 로디지아Rhodesia에서 발견된 소위 구석기시대의 '태양의 바퀴'이다. 그것은 어김없이 숫자 4에 기초하고 있다. 인류의 역사성으로 거슬러올라가게 하는 것들은, 자연히 무의식의 내밀한 심층을 건드리므로 의식적 언어가 무색하게 되어버리는 바로 그곳에서 이해될 수 있다. 의식의 의향적 직감적 감지와 정신이 가진 최고도의 직감, 그리고 현재적 의식의 일치성을 생명의 원초적 과거성과 하나로 융합하기 위해, 그런 것들은 결코 생각될 수 없지만, 그럼에도 망각이라는 어두운 심연에서 다시금 상징으로 떠올라야 한다.

# 도道의 현상들

## 1. 의식의 해체

가급적 범위를 제한하더라도, 집중력을 가하여 명석한 개인적 의식과 집단무의식의 엄청나게 광활한 영역이 만나는 것에는 어떤 위험이 따르게 된다. 왜냐하면 무의식은 뚜렷하게 의식을 와해시키는 작용을 하기 때문이다. 이 작용은 『혜명경』의 설명에 따르면 중국적 도가道家 수행 연습의 독특한 현상에 속한다. 거기서 다음과 같이 말한다: "매번의 부분적 생각은 형상을 획득하고, 그래서 색채와 형태로서 모습을 드러낸다. 총체적 심혼의 힘은 그 자신의 흔적을 펼쳐낸다."[22] 책에 주어진 그림은 관조 상태에 있는 현자를 가리킨다. 그의 머리는 불에 둘러싸여 있고 거기에서

---

[22] 213쪽을 보라.

다섯 개의 형상이 나오고 있으며, 그 형상에서 25개의 더 작은 형상들이 나뉘어 뻗어나간다.[23] 그 현자가 그런 상태를 고정해야 한다면 정신분열적 과정이 될 것이다. 그래서 가르침은 다음과 같은 것을 제공한다. "정신의 불에 의하여 형성된 형상들은 색도 없고 형태도 없다. 본질의 빛은 근원, 즉 진리로 되돌아가서 비춘다."

그래서 그것이 '둘러싸고 있는 원'의 보호 형태로 소급되어야 하는 이유가 될 것이다. 그 원환은 '누수'를 방지하고, 무의식에 의해 의식의 통일이 파괴되는 것을 막는다. 이에 대해 중국적인 견해는 '생각의 형상'이나 '부분에 해당하는 생각'을 '색채나 형태 없음'으로 나타내고, 그것으로 가능하다면 그 힘을 제거하여 무의식이 의식을 해체하는 작용을 약화시키려 한다. 이런 생각은 불교(특히 대승불교) 전체에 퍼져 있다. 그리고 『바르도 퇴돌』(『티베트 사자의 서』)에서의 죽은 자를 살리는 가르침도 우호적 신이든, 악의적 신이든 모두 극복해야 할 환영들이라는 설명으로 강조하고 있다. 이런 생각이 형이상학적 진실인지 아닌지 확증을 하는 것은 심리학의 소관이 아니다. 심리학은 정신적으로 작용을 일으키는 것이 무엇인지 확증하는 것으로 충분할 뿐이다. 그래서 여기서 마주치게 되는 현상이 초월적 환영인지 아닌지는 고려할 필요가 없다. 그것에 관해서는 믿음이 결정할 것이다. 학문이 아니라, 신앙적 믿음이 결정하는 것이다. 우리는 여기서, 이제껏 학문의 범위 밖에 자리하고 있듯이, 전적으로 환영으로 명명해버린 그런 영역에서 활동하고 있다. 그러나 그러한 입장의 수용

---

23 189쪽을 보라. 명상 중에 일어나는 전생의 기억을 환기하는 일도 여기에 속한다.

황금꽃의 비밀

을 학문적으로 정당화할 수는 없다. 왜냐하면 이런 것들의 실체성은 전혀 학문적 차원의 문제가 아니기 때문이다. 그것은 모두 어떤 경우든 인간의 감지력과 판단력을 넘어서고, 그래서 모든 증명 가능성을 넘어서기 때문이다. 이런 콤플렉스의 실체를 심리학적으로 다루는 것이 아니라, 정신적 경험으로 다루는 것이다. 의심할 바 없이 그것은 자율성에 의해 생산된 경험 가능한 정신적 내용이 된다. 그것은 열광적 상태에서 저절로 등장하며, 어떤 상태에서는 매우 강한 인상이나 영향력을 발휘하는 것이고, 심지어는 정신적 장애에서 망상이념이나 환각의 상태로 자리잡기 때문에, 인격적 통일을 파괴하는 정신의 부분 인격적 체계이다.

물론 정신과 의사는 독소 및 그와 비슷한 것을 믿으며, 그것들로 정신분열증(정신병에서의 정신의 분열)을 설명하려는 경향을 갖는다. 이때 그는 정신의 내용을 강조하지 않는다. 독소 작용과 세포 퇴화로 일어난다고 말할 수 없는 심인성 장애(히스테리, 강박신경증 등), 예를 들면 몽유병적 상태에서와 같이 저절로 콤플렉스가 따로 떨어져나온 것을 보게 된다. 프로이트는 이것을 물론 성욕의 무의식적 억압으로 설명하고 싶어할 것이다. 이런 설명은 더이상 모든 경우에 해당하지 않게 되었다. 왜냐하면 의식에서 더이상 동화할 수 없는 자발적 내용이 무의식에서 나와 전개되기 때문이다. 그런 경우들에서 억압의 가설은 부정된다. 그 자율성은 매일의 삶에서 우리의 의지와 우리가 공들여 억압하는 시도에 반해, 그 자체의 의지대로 따르게 하는 강한 정동성Affekten이 작용하여 나(자아)를 압도하므로, 오히려 자아는 그 자율성의 의지대로 좌우된다. 따라서 원시인이 무언가에 사로잡히거나 어떤 영혼의 이동을 믿는 것은 그리 놀라운 일이 아니다. 또한 우리의 언어 사용에도 그와 같은 것이 있다: "오늘 그에게 무슨 일이 일어났는지 전혀 모르겠는걸." "그는 악마에게 당한 거야." "그것이 다시 그를 사로잡았어." "그는 제정신이 아니야." "그는 무엇에 사로잡힌 사람처럼 행동한다." 심지어 법적 판결에서도 심한 감정적 동요 상태에서는 책임 능력이 적다는 것을 인정할 정도이다. 그 같은 내용은 의식을 파멸시키는 작용을 갖고 있는 것이다.

그러나 일상적으로 널리 알려진 정동 이외에도 전혀 정동으로 나타낼 수 없는 보다 미묘하고 복잡한 정동적 상태가 있다. 그것은 개인적인 특성을 가지면 가질수록 더 복잡하게 되어버리는데, 이는 모두 복잡한 심혼적 부분 체계들이다. 그것들은 정신적 인격의 구성 요소들이어서 인격적 특성을 가졌음이 잘 드러난다. 그러한 부분 체계들은 정신질환을 앓는 사람, 심인적 인격해리(이중인격double personalité), 그리고 정상적으로는 영매靈媒 현상 및 종교 현상에서 나타난다. 그 때문에 옛 신들의 상당수가 인물상이었으나, 차츰 의인화된 이념으로 바뀌었다가 마침내는 보편적 이념이 되어버렸다. 왜냐하면 생생한 무의식적 내용은 늘 처음에는 외부에 투사되어 드러나고, 그러한 의식에 의한 공간적 투사를 통해서 정신적 발전의 수행이 이루어지면 점차 동화된다. 이로써 투사되던 정신의 현상이 의식적 이념으로 변하게 되는데, 이 의식적 이념은 자연히 자율적이고도 인격적인 특징을 상실하고 만다. 잘 알려진 바대로, 옛 신들의 몇몇은 점성술을 통하여 단순한 속성이 돼버렸다. 예를 들면 전투적martialisch, 쾌활한jovial, 음울한saturnin, 성애적erotisch, 논리적logisch, 광기적lunatic 등의 특성이 돼버렸다.

황금꽃의 비밀

『바르도 퇴돌』의 가르침은 의식이 이런 형태들에 의해 해체되어버릴 위험이 얼마나 큰지 인식하게 한다. 사자死者가 이런 형태들을 진리로 받아들이지 말아야 하며, 이런 가상적 현상(다르마카야Dharmakaya)을 참된 흰 빛(진리의 신적 몸체)과 혼동하지 않아야 한다고 가르친다. 즉 하나의 가장 지고한 의식의 빛을 구체적인 형태로 투사하지 말 것, 그리고 그런 방식으로 자율적인 부분 체계들을 다수성으로 해체할 것을 거듭 가르친다. 여기에는 전혀 위험은 없고, 부분 체계들이 위협적이라 할 정도로 자율적이거나 흩어지는 성향도 없을 것이다. 그래서 동양인의 보다 단순하고 다신주의적인 심성에 그토록 많은 의미를 전달할 강력한 지침은 필요하지 않을 것이다. 예를 들면 한 개별적 신의 환영에 의하여 눈멀지 않도록 하고, 심지어 삼위일체, 수많은 천사와 성령에 관해 감히 말하지 못하게 하는 정도의 강력한 기독교도의 지침과는 대조적이다.

분열의 성향은 인간의 타고난 특성인데, 만약 그렇지 않다면 정신의 부분 체계들은 결코 생성되지 않을 것이다. 마찬가지로 혼령이나 신들도 없을 것이다. 이런 이유로 우리 시대 또한 심하게 탈신앙화하고 신성모독적이 돼버렸다. 이는 우리의 무의식적 정신에 대한 무지와 의식에 대한 독점적 숭배 때문이다. 지금 우리의 참된 종교는 의식의 일신주의이다. 즉 자율적 부분 체계들에서 유래한 심혼적 현祇 존재에 관하여 전혀 인정하지 않으려는 광신적인 부정으로 인해 오히려 의식에 사로잡힌 상태에 있는 것이다. 우리는 심지어 부분 체계들에서 비롯된 것이 체험 가능한데도 이를 부정한다. 이것이 동양의 정신 수련과 근본적으로 구분되는 지점이다. 바로 여기에 우리의 엄청난 심혼적 위기가 있다. 왜냐하면 부분 체계들은 마치 어떤 억압된 내용처럼 어떤 태도를 취하게 되기 때문이다: 억압된 것이 비非본래적인 형태로 다시 의식에 나타나기 때문에 그것은 강박적으로 잘못된 태도를 산출한다. 이런 점은 각 신경증 사례에서 눈에 띄는 사실이며, 또한 이것은 집단적 정신의 현상에도 해당한다. 우리 시대는 이런 관점에서 하나의 운명적 오류를 행하고 있다; 우리 시대는 종교적 사실들을 지성적으로 비판할 수 있다고 믿고 있다. 예를 들면 우리는 라플라스Laplace처럼 신을 지성적 처리 방식으로 긍정하거나 부정하여 그려낼 수 있는 하나의 전제Hypothese로 간주한다. 그러면서 인류가 '다이몬Daimon'을 믿고 있는 이유가 전혀 어떤 외적인 것과 관계된 것이 아니라, 단순히 인격의 자율적인 부분, 인격적 체계의 강력한 내면적 작용의 감지에 기인한 것임을 완전히 잊고 있다. 이것은 실제로 작용하고 있고, 그것의 이름을 지성적으로 비판하거나 다르게 나타내는 것으로서 제거되지 않는다. 이 작용은 집단적으로 늘 내재하고 있고, 이런 자율적인 체계는 항상 작용중이다. 무의식의 기본 구조는 일시적으로 지나가는 의식의 흔들림에 조금도 영향을 받지 않는다.

　우리가 그것의 이름을 비판함으로써, 그것을 제거했다고 여기고 그 체계를 부정하면, 그것의 계속적 작용을 이해하지 못하게 되고, 결국 더이상 의식에 동화할 수 없게 된다. 그 체계들은 결국 외부에서 기인한 것으로 짐작하게 되는, 설명할 수 없는 장애 요인이 돼버린 것이다. 그래서 부분 체계들의 투사投射가 공공연히 있게 되고, 동시에 장애를 일으키는 작용들을 당연히 '강 건너 있는 자들', 즉 이웃에 의한 것으로 지목하게 된다. 이처럼 외부에 기인한 사악한 의지의 탓으로 돌리지만, 자신도 그에 상응하는 위험한 처지에 처한다. 그것이 집단적 망상 형성으로, 전쟁의 원인으로, 혁명으로, 다른 표현으로는 파괴적인 대중적 정신질환으로 이끈다.

망상이라는 것은 아직 의식에 동화되지 못한 무의식적 내용에 사로잡힌 것을 의미한다. 그리고 의식이 이런 내용의 현존을 부정하기 때문에 의식에 동화되지 못한다. 종교적으로 표현한다면, 우리는 더이상 신을 숭배하지 않으며, 모든 것을 인간적인 평가에 맡겨야 한다고 주장하는 것이다. 이런 신적 교만Hybris, 즉 의식의 편협함은 늘 정신병원으로 가는 지름길이 된다.[24]

『혜명경』은 이렇게 가르친다: "정신의 불을 통해 형성된 형상들은 색채와 모양이 없다." 이는 전적으로 서구적이고 우리의 이성에 딱 맞는 것처럼 보인다. 우리는 의식의 명증성을 이미 이룩했음을 자랑스러워하는 것이다. 왜냐하면 우리는 오랫동안 그러한 신들의 체계를 극복해왔다고 여기기 때문이다. 그러나 우리는 단지 말의 유령을 극복한 것일 뿐, 신들이 출현하는 데 진짜 원인이 되는 심혼적 사실을 극복한 것이 아니다. 과거 신들에 사로잡혀 있었던 때와 마찬가지로, 지금은 우리 자신의 자율적인 심혼적 내용에 의해 사로잡혀 있다. 우리는 이제 그것을 공포증, 강박증 등, 간단히 말해 노이로제 증상이라 부른다. 이제 신들은 질병이 돼버렸다. 제우스는 더이상 그리스 신들을 지배하는 것이 아니라 태양신경총太陽神經叢, solar plexus을 지배한다. 또한 그것은 의사들의 진료에 사용하는 진본珍本

---

**24** 나는 이 문제에 관하여 뛰어나게 묘사하고 있는 두 책을 참고할 것을 추천한다. H. G. Wells의 *Christina Alberta's Father*, Schreber의 *Denkwürdigkeiten eines Nervenkranken*(Mutze, Leipzig).

이 되거나 혹은 본의와는 달리 심혼적 전염병을 퍼뜨리는 정치가와 언론인들의 뇌를 병들게 하고 있다.

그래서 서구인들은 우선 동양의 현자의 비밀스러운 깨달음에 대해 너무 많이 알지 않는 것이 더 좋을 것이다. 왜냐하면 그것은 '잘못된 사람의 손에 들려진 제대로 된 도구'일 것이기 때문이다. 서구인들은 다이몬이 환영이라는 것을 다시 한번 확인하기보다는, 먼저 이 환영의 실재성을 다시 경험해야 한다. 서구인들은 정신적 힘을 다시 인식해야 하는데, 자신의 기분이나 신경질적인 것과 망상적 이념을 통하여 그들이 자신의 집에서 유일한 주인이 아니라는 것이 아주 고통스럽게 밝혀지기까지 기다려서는 안 된다. 분열의 성향은 상대적인 현실성인 실재의 정신적 인격성에 기인한다. 그것은 현실적으로 인식되지 않아서 투사되지만, 그럼에도 그것은 현실적이다; 그것이 의식과의 관계 속에 놓이게 되면(종교적으로 표현하여 '숭배가 되면') 상대적으로 현실적이 된다; 그러나 의식이 자신의 내용으로 해결하기 시작하면, 그것은 비현실적이다. 이와 같은 경우는 생명이 소진되고 삶의 의무가 더이상 없는 양 살게 되는 것이다. 그래서 내적 세계를 고려함에 있어 헌신해야 할 요구가 없으니 그냥 내버려두게 된다. 이런 관계에서는 자기 자신을 속이더라도, 그것은 아무 소용이 없다. 우리가 매달려 있는, 바로 그곳에 사로잡혀 있는 것이다. 그리고 우리가 사로잡혀 있다면, 우리를 장악하고 있는 더 강한 무언가가 존재하고 있다는 것이다. "진실로 나는 너에게 말하노라: 너의 마지막 남은 푼돈을 다 지불하기 전까지, 너는 거기서 빠져나오지 못할 것이다."[25] 우리가 어떤 것을 '중독'이라고 하거나, 혹은 '신'으로 나타낸다면, 그 둘은 전적으로 같

황금꽃의 비밀

지 않다. 중독에 헌신하는 것은 혐오스럽고 무가치한 일이다. 그에 반해 신에 헌신하는 것은 보다 고매하고 정신적인 것에 자신을 맡기는 일이기 때문에, 더 의미 있고도 전도유망하다. 인격화는 이미 자율적인 부분 체계에 상대적인 현실성을 부여하게 하고, 그로 인하여 어떤 생명력의 동화와 비현실화의 가능성을 초래하기 때문이다. 신이 인식되지 않는 곳에서는 이기적인 중독이 생겨나므로, 병은 이런 중독에 기인한다.

정신 수행의 가르침은 신들의 인식을 당연히 전제한다. 그래서 비밀스러운 가르침은 우리의 텍스트가 '텅 빔의 중심' '텅 빔이자 생명력의 신이 사는 곳'[26]으로 표현하듯이, 더이상 나누어지지 않은 통일성에 도달하기 위하여, 생명력에서 자유롭게 된, 의식의 빛을 막 발하는 사람을 위한 것이다. "이러한 것에 귀를 기울이는 것은 수천 겁劫 동안에도 이루기 어려운 일이다." 마야Maya의 미망迷妄은 단순한 이성의 결정에 의해 제거될 수 없다. 그것은 삶의 무게에 해당하는 모든 대가가 지불되는 상태에 이를 정도의 근본적이고도 지루한 준비가 요구된다. 왜냐하면 의식이 '욕망 cupiditas'에 사로잡혀 있는 한, 그 미망은 벗겨지지 않고, 그 내용으로부터 자유롭지 않아서 환영에서 벗어난 지고함에 도달하지 못한다. 어떤 재주와 속임수와 같은 마술로는 그것을 이룰 수 없다. 그것은 어떤 이상理想이며, 궁극적으로는 오로지 죽음으로만 실현할 수 있는 것이다. 그전까지는 무의식의 실제적이면서도 상대적인 현실의 형태로 남아 있게 된다.

---

25 『마태복음』 5장 26절.

26 195~196쪽을 참고하라.

## 2. 아니무스와 아니마

우리의 텍스트에 따르면, 무의식의 형태에는 신들뿐만 아니라 아니마 anima와 아니무스animus도 나타난다. 빌헬름은 '魂혼'이라는 단어를 아니무스로 번역하였다. 실제로 '아니무스'의 개념은 혼에 잘 들어맞는다. 그 글자의 형상은 '云운'과 '鬼귀'를 조합하여 이루어진 것이다. 그래서 혼은 구름의 정령이고, 보다 드높은 양의 원리에 속하는 호흡의 영靈이어서 남성적이다. 그것은 죽은 후 위로 상승하여 '선仙', 즉 '뻗어나가고 현시하는' 정령 혹은 신이 된다. 아니마, 즉 '魄백'은 '白백'과 '鬼귀'의 조합으로 이루어진 것이다. 그래서 그것은 '백색의 혼령'인데, 저급한 태곳적 육체의 혼으로 음의 원리에 속하므로 여성적이다. 그것은 죽은 후 아래로 가라앉아 '귀鬼', 데몬Dämon이 된다. 이는 '다시 흙으로 되돌아가는 것', 망령, 유령이다. 아니무스가 아니마와 마찬가지로 죽은 후에 서로 떨어져 각자 자신의 길로 간다는 사실로 보아, 그것들이 중국인들의 의식에서 나누어질 수 없는 심혼적 요인이라는 것이 자명하다. 그 요인들은 뚜렷하게 다른 작용을 하지만, 그럼에도 그것들은 근본적으로 '통일된 하나로 작용하는 참된 본성'에서는 하나로 있으나, '창조적인 것이 거주하는 곳'에서는 둘이 된다. "아니무스는 천상의 심장에 있으며, 낮에는 눈(즉 의식)에 살고 밤에는 간肝에서 나와 꿈을 형성한다." 아니무스는 "우리가 위대한 공허로부터 획득한 것이고, 근원적 시초부터 언제나 하나의 형상에 속하는 것이다". 그에 반하여 아니마는 '보다 무겁고 불분명한 것의 힘'으로, 육체적으로 작용하는데, 주로 육체의 심장에 고착하고 있다. '쾌락과 분노의 반응'은 그의 작용이다. "깨어날 때 어둡게 침잠하고 있는 자는 아니마에 사로잡혀 있다."

빌헬름이 나에게 이 텍스트를 알려주기 수년 전에 나는 이미 '아니마'라는 개념을 철저히 중국적인 정의와 같이 사용해왔다.[27] 이는 당연히 제 각기 가진 형이상학적인 가정을 완전히 무시하고 전적으로 유비에 의해 고려한 것이었다. 심리학자들에게 아니마는 초월적이기보다는 오히려 전적으로 경험 가능한 존재여서, 분명히 다음의 중국적 정의가 보여주는 것과 같다: 정동적 상태들은 직접적 경험에 해당한다. 그러나 왜 우리는 아니마에 관하여 말하면서 기분에 대해서는 그러지 못하는가? 그 이유는 다음과 같다: 정동은 자발적 특성을 가지며, 그 때문에 대부분 사람들이 굴복하고 만다. 정동은 의식의 구분 가능한 내용이며 인격의 일부이다. 인격의 일부분으로서의 정동은 인격적 특성을 가지므로 쉽게 의인화되며, 또한 앞선 예들을 통하여 지적하였듯이, 오늘날에도 여전히 의인화된다. 의인화는 정동적으로 자극된 개인이 전혀 그것과 구분이 안 되어서 자신도 모르게 평소와는 다른 어떤 특정의 특징을 갖게 되는 한, 그리 편안한 경험은 아니다. 주의 깊은 관찰에 따르면, 남성에게 정동적인 특징은 여성적인 성향을 지닌 것으로 드러난다. 백魄에 관한 중국적 가르침은 아니마라고 하는 나의 견해처럼, 같은 심리적 사실에서 생겨난 것이다. 보다 더 심층적인 내면적 성찰이나 망아적 체험은 무의식에서의 여성적

---

**27** 나의 저술 *Die Beziehungen zwischen dem Ich und dem Unbewußten*(제7판, 1963)에 서 제시하고 있다. 전집 제7권(1964)에 수록.

형태의 심혼적 실존을 드러낸다. 그래서 그 여성적 이름이 부여된 것이 아니마, 프시케Psyche, 제엘레Seele 등이다. 또한 우리는 아니마를 남성이 여성에서 경험하게 되는 모든 경험의 상(이마고Imago)이나, 원형 혹은 축적된 침전물로서 정의한다. 그래서 아니마 상像은 보통 여성에 투사된다. 잘 알려져 있듯이 종종 시詩예술이 아니마를 묘사하고 찬미해왔다.[28] 중국적 견해에 따르면 아니마는 유령과 관계를 가지는데, 여기서 '통제하는 힘들'을 주로 여성과 남성이라는 서로 대립적인 성의 표현으로 나타낸다는 점에서 초심리학자들의 흥미를 돋운다.

그래서 나는 빌헬름이 '혼魂'을 아니무스로 번역한 것에는 동의하기는 하지만, 남성의 정신, 즉 의식의 명증성과 이성 능력에 대해 전적으로 들어맞지 않는 표현인 '아니무스'를 선택하기보다는 '로고스logos'라는 표현을 사용하는 것이 더 타당하다고 생각한다. 중국의 철학자들에게는 서양의 심리학자들이 가진 이러한 과제의 부담이 덜하다. 중국의 철학은 오래된 모든 정신의 활동성이 그런 것처럼 한결같이 남성 세계의 구성 요소로 이루어졌다. 그들은 그 개념을 결코 심리학적으로 수용하지 않았고, 여성적인 심혼의 특성에 잘 맞는지도 전혀 고려하지 않았다. 그러나 심리학은 여성 그리고 그들의 고유한 심리학의 실존을 간과할 수 없다. 바로 이것이 내가 남성에서의 '혼'을 '로고스'로 번역하는 이유다. 빌헬름은 '로고스'를, 인간 본성 혹은 창조적 의식으로 번역될 수 있을 중국의 개념 '성性'으로 사용한다. 혼은 사후의 신, 즉 철학적으로 '성'에 가까운 정신이

---

**28** 전집 제6권 *Psychologische Typen* (1960) 제5장.

된다. 중국의 개념이 전혀 서구인들의 의미에서처럼 논리적이 아니라 직관적인 관觀이기 때문에, 그의 의미들은 단지 쓰임새나 서술적 표현의 구성이나 혹은 혼이 신이 되는 그러저러한 관계에서 결정되는 것이다. 그에 따르면 혼은 남성에서의 의식과 이성 능력의 빛이 되며, 근원적으로 성의 종자적 특성인 로고스에서 유래하고 사후에는 신을 통해 다시금 도道로 되돌아간다. '로고스'라는 표현은 마치 남성 의식의 명증성과 의식 능력이 개인적으로 특수화된 것이 아니라 보편적인 것처럼, 그 자체 보편적 본질의 개념을 나타낼 때 잘 부합된다: 그것은 보다 심층적 이해에서 보면, 개인적인 것이 아니라 비개인적인 것이다. 그것은 개인적인 악령이 되기도 하고, 무엇보다 모든 개인적인 기분을 가장 잘 나타내는(그래서 격분!) '아니마'와는 전적으로 대립적이라고 할 것이다.

나는 이런 심리적인 사실들에 관해 '아니무스'라는 표현을 오로지 여성들만 쓰도록 하였다. 왜냐하면 "여성은 아니마가 아니라 아니무스를 가지기" 때문이다. 여성의 심리는 남성의 아니마와 대립적 상응물을 나타낸다. 이것은 본래적으로 정동적 특성이 가지는 것이 아니며, 남성의 정서적 본능에 상응하는 여성의 의식적 본질인 것이다. 그래서 '선입견Vorurteil'이라는 단어가 가장 잘 어울리는 특징이 되는 어떤 유사 지성적 본질에 해당한다. 여성의 의식적 본질에는 '정신Geist'이 아니라, 남성의 정서적 특성에 상응하는 것이 있다. 여성의 정신은 '영혼Seele'이므로, 아니무스라고 하는 게 더 낫다. 그래서 남성의 아니마가 저급한 가치의 정동적 관계로 이루어지듯이, 여성의 아니무스는 저급한 가치의 판단, 혹은 더 좋은 표현을 쓰자면, 의견들로 구성되어 있다. (이 모든 것에 구체적으로 접근하려는 독자에게, 나는 위에서 인용한 논고를 다시 권한다. 여기서는 단지 보편적인 것을 언급할 수 있을 뿐이다.) 여성의 아니무스는 수많은 편견적 의견으로 구성되고 그래서 한 인물의 형태보다는 그룹이나 대중 집단으로 의인화될 수 있다. (이에 적당한 초심리학적 예는 파이퍼 부인Mrs. Piper에게서 나타난 소위 '황제'그룹이다.[29]) 더 낮은 단계의 아니무스는 어떤 저급한 로고스인데, 저급한 단계의 아니마가 여성적 에로스를 풍자할 수 있듯이, 차별화된 남성적 정신의 풍자에 해당한다. 그래서 혼이 성性에 대한 것이듯이, 혼은 빌헬름이 '로고스'로 번역한 성性에 해당하고, 여성의 에로스는 운명, '숙명', 천명으로서, 빌헬름에 의해 '에로스'로 의미가 부여되었으나, 명命에 해당한다. 에로스는 얽힘이고, 로고스는 분별하는 인식, 즉 밝게 밝히는 빛이다. 에로스는 관계성이 특징적이고, 로고스는 구별성과 비관련성이 특징적이다. 그래서 여성의 아니무스에서 보이는 저급한 로고스는 전적으로 비관련적 특성으로 드러난다. 그 때문에 그것은 소통할 수 없는 선입견으로 드러나거나, 혹은 객체의 본질과 전혀 관계없는 방식으로 어떠한 주장을 하는 의견이 된다.

나는 신화가 갖고 있는 방식으로 아니마와 아니무스를 의인화하고 있다는 비난을 자주 받아왔다. 이런 비난은, 내가 이 개념들을 신화적 용도를 위해 신화적으로 구체화한다는 증거가 제시될 경우에만 정당화될 것이다. 나는 그 의인화가 내가 만들어낸 것이 아니라, 그에 상응하는 형상들의 본질에서 본성적으로 나온 것임을 분명히 해두겠다. 아니마가 어떤

---

**29** Hyslop의 *Science and a Future Life* (Boston, 1905)를 참고하라.

황금꽃의 비밀

심리적인 것이면서 인격적인 부분 체계라는 사실을 간과하는 것은 비학문적이다. 나를 비난하는 사람들 대부분은 주저 없이 "나는 X씨에 관한 꿈을 꾸었다'라고 말한다. 이는 그가 X씨의 표상에 관해서 꿈꾸었다는 것을 그대로 반영한 것이다. 아니마는 바로 파편적인 자동적 부분 인격 체계인 인격적 본질에 관한 표상이다. 이런 부분 인격적 체계는 초월적, 즉 경험 가능성의 경계를 넘어서는 것이어서 우리는 더이상 알 수가 없다.

나는 아니마를 무의식의 의인화로 정의하며, 또한 그것을 무의식과의 연결 다리, 즉 무의식과 관계를 맺게 하는 기능으로 파악했다. 그에 관해서 우리의 텍스트는 의식(즉 개인적 의식)이 아니마에서 나온 것이라는 주장을 하고 있어서 무언가 흥미로운 관련성이 있음을 나타낸다. 서구의 정신은 전적으로 의식의 입장에 있기 때문에, 마치 내가 행한 것과 같은 방식으로 아니마를 정의해야 했다. 그와는 정반대로 동양은 무의식의 관점에 있기 때문에 의식을 아니마의 작용으로 생겨나는 것으로 본다. 의심할 바 없이 의식은 원래 무의식에서 생겨난 것이다. 그에 대해서 우리 서구인은 거의 생각하지 못하고 있으며, 그 때문에 우리는 언제나 의식과 심혼을 동일시하고 있어서, 무의식을 가능한 한 의식의 파생이나 의식의 작용에 의하여 생긴 것으로(예를 들면 프로이트적 억압이론에서처럼) 설정하려는 시도를 한다. 무의식의 실재성을 어떤 것으로도 없애지 못하고, 오히려 무의식의 현상들로 작용하는 그 크기로서 이해해야 한다는 것은, 위에서 언급한 근거에서 보면 매우 본질적이다. 여기서 무엇이 심혼적 현실성으로 주장되는 것인가를 파악하는 사람이라면, 그에 대한 원시적인 악령학으로 되돌아가는 것을 두려워할 필요는 없을 것이다. 만약 무의식적 형태들에 대해 자발적으로 작용하는 어떤 크기의 현존적 위엄이 인정된다면, 다른 한편으로 치우친 의식이 자신의 믿음을 확고히 함으로써, 결과적으로 둘 사이에 극도의 긴장이 흐르게 된다. 이로써 위기가 닥칠 것임에 틀림이 없는데, 왜냐하면 우리가 가진 모든 의식성에도 불구하고, 어둡고도 심혼적인 힘의 활동을 간과했기 때문이다. 내가 그것들을 의인화하는 것이 아니라, 그것은 시원부터 이미 인격적 본성에 속하는 것이다. 그것이 제대로 인식되면 우리의 텍스트가 나타내듯이, 그것들의 탈의인화, 즉 '아니마를 정복하는 것'으로 생각할 수 있다.

여기서 다시금 불교와 우리의 서양적 정신의 태도 사이에 엄청난 차이가 있음이 드러난다. 그렇지만 위험스럽게도, 겉보기에는 양자가 서로 일치하는 형태로 나타난다. 동양의 정신 수행의 가르침은 모든 환상 내용을 거부한다. 우리 서양인도 이와 비슷한 것을 한다. 그러나 동양인은 우리와 다른 근거에서 그것을 행한다. 그들에게는 창조적 환상이 가장 풍부하게 표현된 견해들과 가르침이 지배적이다. 동양인은 환상 속에 머물면서 그것의 범람으로부터 스스로를 보호해야 한다. 그에 반해 우리 서양인은 환상을 시시한 주관적 몽상들로 간주한다. 무의식적 형태들은 저절로 추상적으로 되어서 부수적인 것을 제거하는 것으로 나타나지 않고, 오히려 혼란스럽게 어떤 것을 채운 환상의 직물 짜기처럼 마구 엮여 있는 것이다. 동양인은 이미 오래전에 환상의 추출물로 뽑아낸 지혜를 심오한 가르침으로 압축해놓았기 때문에 이런 환상을 거부할 수 있다. 그러나 우리 서양인은 이 환상들을 한 번도 제대로 체험해보지 못했고, 하물며 그로부터 에센스를 추출하지도 않았다. 우리가 실험적 체험에서 생겨나는 각각의

황금꽃의 비밀

조각들을 모으고 보충하면서, 비록 겉보기에 무의미한 것처럼 보이지만 의미 있는 형상을 발견한다면, 비로소 우리는 의미 없는 것을 의미 있는 것과 구분할 수 있을 것이다. 비로소 우리의 체험적 사실에서 끌어낸 추출물이, 오늘날 동양인이 우리에게 청하는 것과는 다른 것이 된다는 사실을 확실히 알게 될 것이다. 동양인은 외부세계에 대해 어린아이와 같이 무지하지만, 내면의 것들에 대해서는 풍부한 지식을 갖고 있다. 그에 반해 우리 서양인은 엄청나고 방대한, 역사적이고도 과학적인 지식에 의해 지지를 받으면서 심혼과 그 깊이를 탐구하게 된다. 물론 요즈음 만연한 지식은 내적 통찰을 하는 데 가장 큰 방해가 되지만, 우리의 영적인 요구가 그 모든 장애를 극복할 것이다. 동양인이 아주 특별한 심혼적 상태를 통하여 통로를 발견하듯이, 우리에게도 그와 같은 것에 이르는 열쇠가 되는 학문이 있다. 바로 심리학이다. 이를 정립하는 것이야말로 그러한 일에 이미 참여하고 있음을 의미한다.

# 대상으로부터 의식의 해방

이상의 이해를 통하여 우리는 스스로를 무의식의 지배로부터 벗어나게 한다. 그것이 이 텍스트의 가르침이 지향하는 근본적인 목표이다. 수행자는 자신의 내면의 빛에 집중하고, 이 집중에 의해 모든 외적 그리고 내적 관계로부터 벗어나 자유로워지는 방법을 배우게 된다. 그의 의지는 모든 내용을 허락하는 내용 없는 의식성에 주로 연루된다. 『혜명경』은 그 해방에 관해 다음과 같이 말한다.

환하게 빛나는 것이 정신의 세계를 둘러싼다.
서로를 완전히 잊으니, 고요하고 순수하고, 온전히 힘있고 텅 빈 상태에 이른다.
텅 빔虛空은 하늘의 심장天心의 광채로 가득 채운다.
바닷물은 빛나고, 그 표면에 달의 얼굴을 비춘다.

구름은 푸른 하늘로 사라진다.

산은 청명하게 빛난다.

의식은 이를 바라보면서 소멸된다.

달의 둥근 테두리만 남아 머무는구나.[30]


이런 완성의 특징은 어쩌면 의식이 세계로부터 벗어나서, 소위 최극단 세계의 지점으로 되돌아갔음을 나타내는 심혼적 상태를 묘사하는 것이다. 그러한 형상은 의식이 비어 있으면서 비어 있지 않은 것이다. 이는 더 이상 사물의 상들에 의해 채워진 것이 아니고, 그냥 그것들을 품고 있는 것이다. 세상에 직접적으로 압박하면서 채우는 것에 대해, 그의 풍부함과 아름다움은 상실하지 않으나, 그것들이 더이상 의식을 지배하지 않는다. 사물의 마술적인 요구는 정지하게 되는데, 이는 의식의 세계와의 연루가 해소되었기 때문이다. 무의식은 더이상 투사되지 않게 되고, 그래서 사물과의 '신비적 참여participation mystique'는 지양하게 된다. 의식은 더이상 강박적으로 진행되는 의도들로 채우지 않게 되는데, 이 텍스트가 훌륭하게 표현하고 있듯 바라봄의 상태가 돼버린다.

어떻게 이런 작용이 이루어졌는가? (우리는 우선 중국의 저자가 거짓말하는 것이 아니고, 둘째 건전한 상식에 머무르며, 셋째 비범한 통찰력의 소유자라는 점을 전제한다.) 이를 이해하거나 설명하는 것은 우리의 오성으로 하여금 어떤 우회의 길을 요구하는 것이다. 그것은 경험한 것처럼 느껴서 행해지

---

**30** 214~215쪽을 참고하라.


황금꽃의 비밀

는 것이 아니다. 그렇게 한다면 영적 상태를 심미화하는 유아적 일이 되기 때문이다. 여기서 나는 진료실에서 자주 접하여 알게 된 작용을 언급하려 한다. 그것은 나의 제자와 환자들과 함께 공들여온 치료적인 효과에 대한 것이다. 말하자면 그것은 '신비적 참여'의 해소를 의미한다. 레비브륄Lévy-Bruhl은 아주 독창적인 이해로써 '신비적 참여'를 원시적 정신의 특성으로 파악하였다.[31] 그가 나타내고자 했던 것은, 주체와 객체 간의 비분리성에 관한 비규정적 크기의 잔재이다. 그런 상태는 유럽의 의식적 인간에게는 매우 이상하게 보이겠지만, 원시인들에게는 그와 같은 의식의 수준이 여전히 가능하다. 무의식은 객체에 투사되고 객체는 주체로, 즉 내적 투사되어 심리화된다. 이렇게 되면 동물과 식물들이 사람처럼 받아들여지고, 동시에 사람은 동물이 되어, 모든 것은 유령과 신들에 의하여 생명이 불어넣어지게 된다. 문명화된 인간은 자신이 당연히 이런 것들보다 더 상위의 존재라고 믿는다. 그러나 그는 생애 동안 자주 자신의 부모와 동일시하며 살아간다. 그는 정동과 편견을 동일시하고, 자신의 것을 보지 않으려 하고, 그것이 다른 사람에게 있다고 뻔뻔스럽게 주장한다. 그는 전의식적 무의식성이 가진 주체와 객체의 비분리성의 잔재를 여전히 가지고 있는 것이다. 이런 무의식성 덕분에 그는 수많은 인간, 사물 및 환경으로부터 마술적인 영향, 즉 절대적 영향을 받는다. 이로써 그는 거의 원시인에 가깝게 장애를 일으키게 되고, 그래서 그에게 재앙막이가 필요하게 된다. 그는 이전처럼 약藥주머니나 주문呪文이나 동물 희생의 의례가

---

**31** *Les Fonctions mentales dans les sociétés inférieures*(1912).

아니라, 신경안정제, 노이로제, 계몽, 의지의 예찬 등으로 재앙을 막으려 한다.

그러나 이제 무의식은 의식 옆에서 함께 작용하는 존재의 크기로서 인정받게 되고, 그래서 의식적 및 무의식적(혹은 본능적) 요구를 가능성에 따른 활동으로 고려하여 살아가는 데 성공한다. 이로써 전체 인격성의 무게중심이 단지 의식의 무게중심인 자아das Ich가 아니라, 우리가 자기Selbst로 나타낼 수 있는, 소위 의식과 무의식의 잠재적 가능성의 중심에 위치하게 된다. 이런 전환이 성공한다면, 신비적 참여의 해결이라는 결과에 이른다. 하부층에서는 여전히 고통받지만, 상부층은 고통이나 기쁨으로 이루어진 여러 사건들로부터 벗어나게 되면서, 하나의 인격이 탄생한다.

이러한 보다 상위의 인격의 등장과 탄생이 이 텍스트가 목적하는 것이다. 이는 텍스트가 '성스러운 열매' '금강체' 혹은 썩지 않는 몸에 관해 다루는 것에 해당한다. 이런 표현들은 극심한 정서적 혼란과 이에 대한 동요로부터 벗어난 태도, 즉 세계로부터 벗어나 진정한 의식을 획득하는 것에 관한 심리학적 상징이다. 나는 이것을 본디 인생의 중반을 넘어서면서 배열하게 되는, 죽음에 대한 자연스러운 준비로 받아들이는 근거로 삼는다. 죽음은 영적으로 탄생과 마찬가지로 중요한데, 탄생만큼이나 삶을 통합하는 구성 요소로서 중요하다. 자유롭게 벗어나게 된 의식과 더불어 일어나는 현상은 심리학자가 답할 만한 것은 아니다. 그렇게 되면 심리학자는 이미 어떤 이론적 입장을 취하고 있어서 자신의 학문적인 권한의 경계를 쓸데없이 넘어서게 된다. 여기서 심리학자는 텍스트의 관점에서 세계로부터 자유롭게 벗어난 의식의 무시간성을 밝힐 수 있을 뿐이다. 이는 모든 시대를 통틀어서, 그리고 대다수의 인류가 공통적으로 갖고 있는 종교적 생각에서 나타나고 있다. 그리고 그렇게 생각하지 못하는 사람은 인간 질서 밖에 서게 되고, 그래서 정신적인 균형이 깨져 고통을 받는다는 점을 밝힐 수 있을 뿐이다. 의사로서 나는 특별히 죽음에 관한 물음이 절박한 나이든 환자들에게 불사의 내용을 제시하려는 노력을 많이 기울인다. 말하자면 죽음은 심리학적으로 끝이 아니라 하나의 목표이다. 그래서 생명은 정오를 지나면서 죽음을 위하여 달리기 시작하는 것이다.

중국적 명상 철학은 죽음을 목적으로 보고 본능적 준비를 하는 데 그 근거를 두고 있다. 그래서 전반부 삶의 목표를 주로 생식과 종족 번식과 같이 육체적 현존의 뿌리내림을 위한 수단과 유비하는데, 그것은 정신적인 현존을 목적으로 할 경우, 정신적 몸체('미묘체')의 상징적 출산과 탄생을 나타낸다. 여기서 정신적 몸체는 자유롭게 벗어난 의식의 지속성을 보증한다. 그것은 공기(기체)와 같은 인간의 탄생을 의미하는데, 이런 탄생은 유럽인들에게도 오래전부터 알려져 있는 것이다. 다만 유럽인은 그것을 전적으로 다른 상징과 마술적인 처치로써, 즉 믿음과 기독교적인 생활 방식으로 도달하려고 한다. 여기서 다시 우리 서양인은 동양과 다른 기반 위에 서 있음이 드러난다. 텍스트는 또한 동양인이 기독교의 금욕주의적 도덕성에서 그리 동떨어지지 않을 것이라는 점을 알려주고 있다. 텍스트의 배경에는 원시적 본능을 넘어서 조직적으로 정립함으로써, 우리 서양인이 짧은 시간에 개화된 야만적 게르만인들과 통하게 되었던 것처럼, 강력한 도덕을 전혀 모르고도 수천 년 동안 유지해온 오랜 문화적 전통이 있다. 그래서 우리 서양인들이 정신성을 히스테리적으로 가장하거나 중독될 정도로 본능적 억압을 하는 것과 같은 면모가 동양인들에게는 없다. 자신의 본능을 살리는 자만이 그 본능으로부터 벗어날 수 있다. 심지어 그 본능을 살린 만큼 자연스럽게 거기서 벗어난다. 우리 텍스트는 서양인들의 문화에서 보는 영웅적 자기 극복이라는 점과 크게 다르지 않을 것이다. 만약 우리 서양인이 중국적 가르침을 문자 그대로 지켜 수행한다면, 틀림없이 영웅적 자기 극복을 한 것에 해당할 것이다.

우리 서양인은 자신의 역사적 전제를 결코 잊어서는 안 된다. 우리는 약 1000년 전에야 비로소 소박한 다신주의적 출발점에서 벗어나 고도로 발달된 동양 종교에 들어서게 되었다. 이 동양 종교는 서양인의 정신적 발달 수준에 전혀 상응하지 않는 높이로까지 환상이 가득한 반半야성적 정신을 끌어올리게 하였다. 이런 높이를 유지하기 위하여, 본능 영역을 억압해야만 했던 점은 불가피했다. 그 때문에 종교적인 수련과 도덕은 눈에 띄게 강력해져서 거의 악덕적이라 할 만한 특징을 가지게 되었다. 억압된 것은 당연히 발달되지 않고 오히려 무의식 내에서 근원적 야만성으로 계속 증식되어갔다. 우리 서양인들은 어떤 철학적 종교의 높이(지고함)에 이르고자 하지만, 실제 이에 이를 수 있는 능력이 없다. 여전히 암포르타스 상처Amfortaswunde(중세의 장편서사시인 「파르시팔」에 등장하는 주인공 암포르타스 왕이 예수 그리스도가 상처 입었던 성창聖槍에 찔려 입은 상처—옮긴이)와 게르만인들의 파우스트적인 자기 분열성이 치유되지 못하고 있다. 무의식은 우리 서양인들이 그런 내용으로부터 벗어나서 자유롭게 될 수 있기 전에 먼저 의식해야만 하는 내용들로 채워져 있는 것이다. 최근에 나는 오래전 치료했던 환자로부터 편지 한 통을 받았는데, 절실했던 태도의 변화에 대해, 단순하지만 아주 적절한 표현으로 다음과 같이 묘사하고 있다: "나에게서 비롯되었던 수많은 선善이 악惡으로부터 자라났습니다. 조용하게 머물러 있기, 억압하지 않기, 집중한 상태로 있기 그리고 그것이 손에서 손을 거쳐 실제성을 받아들이는 것—사물을 내가 원하는 방식으로가 아니라, 그들이 존재하는 방식으로 인식하는 것—은 일찍이 하기 어려운 것이었지만, 그것은 또한 진귀한 힘을 가져다줍니다. 내가 이전에는 결코 상상할 수 없는 것이었습니다. 나는 우리가 사물을 받아들일 때 그것이 어찌되었든 우리를 압도한다고 생각하였습니다; 이제 더이상 그렇지 않으며, 비로소 그 사물들에 대해 하나의 입장을 취할 수 있게 되었습니다.[32] 그래서 나는 삶의 유희를 즐기게 되었습니다. 왜냐하면 나는 그것들이 늘 지속적으로 교체되면서 낮과 생명, 선과 악, 태양과 그림자들을 가져다주는 것으로 받아들이기 때문입니다. 또한 나의 고유한 본성이 긍정 혹은 부정적인 것을 모두 받아들이므로, 모든 것이 이제 더욱 생동적이게 되었습니다. 이전에는 내가 바보 멍청이였지요? 내 머리가 생각한 것을 모두 실행하려고 강요하지 않았습니까!"

기독교적 발전에서 물려받은 가치를 포기하는 것이 아니라, 그 반대로 기독교적인 사랑과 인내를 가지고 자신의 고유한 본성에 자리잡은 가장 열등한 것을 받아들이는 태도에서, 비로소 보다 높은 수준의 의식과 문화를 얻게 될 것이다. 이러한 입장은 가장 순수한 의미에서 종교적이며, 그렇기 때문에 치유적이다. 왜냐하면 모든 종교와 치료는 심혼의 고통과 장

---

**32** 신비적 참여의 폐지!

애에 대한 것이기 때문이다. 서양인들의 지성과 의지의 발전은 자신에게 거의 악마적인 능력을 제공한 셈이다. 악마적 능력이란 다름이 아니라, 무의식의 저항에도 불구하고 겉으로만 성과를 가장하는 태도를 말한다. 그러나 대립적 입장이 어디선가 점점 더 뚜렷해져 침입하게 되는 것은 언제나 시간문제이다. 편안함을 가장하지만 언제라도 무의식에 의해 허물어질 수 있는 불안정한 상황을 점차 형성하게 된다. 보다 확실한 기초는, 오로지 무의식의 본능적인 전제가 의식의 관점과 동등하게 고려되는 경험을 할 때 마련되는 것이다. 이는 서양의 기독교적, 특별히 프로테스탄트적인 의식 숭배에서 비롯된 강력한 대립 상태인데, 이러한 상태의 필요성이 있다는 것 자체를 부정해서는 안 된다. 보다 더 깊이 이해하려 한다면, 새로운 것이 오래된 것의 적으로 보일지라도, 물려받은 그리스도적인 가치의 가장 진솔한 적용 없이는 새로운 것이 결코 성립할 수 없다는 점을 발견하지 않을 수 없다.

# 완성

정신적으로 동양에 대해 차츰 친숙하게 된다는 것은, 우리 서양인들에게는 우리 내부에서 여전히 낯설게 있는 것들을 연결하기 시작했다는 사실에 대한 상징적인 표현에 해당할 뿐이다. 우리 서양인이 고유한 역사적인 전제를 부정한다면, 이는 매우 우둔한 짓이 될 것이고, 더 나아가서는 우리 자신의 뿌리를 뽑는 길이 될 것이다. 우리 서양인은 자신의 대지에 굳건히 발을 딛고 있어야만 동양의 정신을 동화할 수 있다.

고대의 스승 구 데Gu De는 비밀스러운 힘의 참된 근원이 어디에 있는지 모르는 이들에 대해 다음과 같이 말한다: "세상 사람들은 뿌리를 잃어버리고 나무 꼭대기에 매달린다." 동양의 정신은 황색의 대지에서 생겨났고, 우리 서양인의 정신은 우리 자신의 대지에서 생겨났고, 그래야만 할 것이다. 그래서 나는 이런 문제에 있어, 사람들이 종종 '심리주의'라고 평가절하하던 방식으로 접근해본다. 만약 그것으로 '심리학'이 언급되는 것이라면, 나는 그리 기분 나쁘지는 않겠다. 왜냐하면 모든 밀교적 가르침이 가진 형이상학적 요청을 한쪽으로 밀쳐버리려는 것이 나의 참된 의도이기 때문이다. 언어가 가진 마술적인 힘의 의도는, 겸손함을 갖고서 우리의 세속적 무지함을 인정함으로써만 받아들여질 수 있다. 나는 충분한 의도를 가지고 형이상학에 해당하는 것들을 심리학적 이해라는 의식의 빛으로 끌어낼 것이며, 대중들이 어두운 힘의 언어들을 믿지 않도록 최상의 노력을 해볼 것이다. 스스로 확고부동한 기독교인이라고 믿는 자는 믿음을 기꺼이 가지려 할 것이다. 왜냐하면 그것이 그에게 부여된 의무이기 때문이다. 그가 그렇지 않다면, 믿음의 은총을 안타깝게도 놓치고 있다. (어쩌면 그는 태어날 때부터 믿을 수 없어서가 아니라, 오히려 알 수 없어서 그렇게 되었을 것이다.) 그래서 그는 다른 어떤 것도 믿지 않는다고 말한다. 형이상학적으로 파악되지 않지만, 심리학적으로 파악될 것이다. 그래서 나는 사물들을 심리학적 대상으로 만들기 위해 그것의 형이상학적인 면을 벗겨버린다. 그렇게 하여 나는 사물들로부터 최소한 어떤 이해 가능한 것을 끌어내어서 심리학적이게 할 수 있다. 그러고서 이로부터 상징 속에 감추어져 있으나 나의 이해를 벗어나 있는 심리학적 전제와 과정을 배운다. 그러나 그로 인해 나는 어떤 유사한 길에 이르고 비슷한 경험을 할 가능성에 도달한다. 그럼에도 마지막까지 형상화가 불가능한 형이상학적인 것은 그뒤에 남겨두어야 하며, 그래서 그것 스스로 드러날 수 있는 근거를 가지게 해야 한다.

위대한 동양철학자들에 대하여 나는 경탄하면서도, 그들의 형이상학에 대한 나의 태도가 그러하듯이, 무조건 공경하는 것은 아니다.[33] 나는

황금꽃의 비밀

그들이 상징적으로 심리학적인가 아닌가를 짐작해본다. 물론 우리 서양인들은 그것을 문자 그대로 받아들이는 어리석은 짓을 할 수는 없을 것이다. 그들이 주장하는 바가 정말 형이상학이라면, 그것을 이해한다는 것은 불가능할 것이다. 그러나 그것이 심리학이라면, 그것을 이해할 수 있고, 그것을 좀더 크고 유용하게 사용하게 될 것이다. 왜냐하면 우리는 소위 '형이상학적인 것'을 경험 가능하게 할 수 있기 때문이다. 만약 신이 절대적이어서 모든 인간 경험을 넘어서 있다면, 신은 나와 상관이 없게 된다. 그에게 아무런 영향을 미치지 않으며, 그도 나에게 아무런 영향을 미치지 않는다. 그에 반해 만약 신이 나의 영혼의 통제자라는 것을 안다면, 나는 그와 함께해야 한다; 왜냐하면 신은 영향을 미치는 중요한 존재가 되며, 심지어 마치 실제로 현실의 영역에 나타나는 모든 것과 같고, 끔찍이 진부하게 울리는 모든 것이 되기 때문이다.

비난의 용어인 '심리주의'는 자신의 심혼을 주머니 속에 지니고 있다고 주장하는 바보에게나 맞는 말이다. 물론 그보다 더한 것도 있을 수 있지만, 심혼적인 것을 평가절하하려는 전형적인 서양인들의 편견이 작용한다. 그럼에도 우리는 '심혼Seele'에 관해 엄청난 단어군#을 형성하고 있다는 것을 알고 있다. 만약 내가 '자발적인 심혼인 콤플렉스'라는 개념을 사용한다면 나의 독자들 또한 편견을 가진 채 그것을 지지하여 '심혼적 콤플렉스에 불과하다'고 한다. 우리가 어떻게 심혼을 '단지 그러하다'고 할

---

**33** 중국철학자들의 그러한 태도에 대해서—서양의 독단주의론자와는 달리—감사할 따름이다. 왜냐하면 그들은 자신의 신들에 대해서도 역시 지배자들이기 때문이다.

정도로 확신하겠는가? 그것은 우리가 의식하게 되는 모든 것은 상이고, 상이 심혼이라는 것을 전혀 의식 못하거나 늘 잊어버려 그러는 것이다. 신이 심혼에 의해 움직이는 존재이거나 심혼을 움직이는 자이며, 마찬가지로 '자율적 콤플렉스'로서 간주된다면, 신은 아무런 가치를 가지지 않는다고 주장하려는 사람들은 그런 식으로 부르면서 전혀 극복되지 않는 정동과 노이로제 상태로부터 벗어나려고 애쓰는 셈이 된다. 바로 그 지점이 그것들이 갖고 있는 의도와 모든 삶의 지혜를 안타깝게도 거부하는 것이 된다. 그래서 심혼이 그것들이 무력해졌음을 보증하였던가? 우리는 에크하르트에 대해서도 역시 '심리주의'라고 비난해야만 할 것이다. 그는 이렇게 말했다: "신이 언제나 존재하도록 심혼 속에 탄생되어야 한다." 심리주의는 자발적 콤플렉스의 원래적 본성을 부정하고 합리주의적으로 그 콤플렉스를 잘 알고 있는 사실의 결과로 설명하고자 하는 지성인을 비난해야 할 것이다. 이런 판단은 마치 인간적 한계를 넘어서 경험 가능하지 않은 신성이 우리의 심혼적 상태에 작용을 한다고 믿게 하려는 '형이상학적' 주장만큼이나 아주 건방진 것이다. 심리주의가 형이상학적 간섭에 단순히 반대하는 것이라면, 형이상학만큼이나 유아적이다. 왜냐하면 나에게는 이와 같은 유효성을 심혼에서 제거하고 마치 경험 가능한 세계와 똑같은 '실제성'을 부여하려는 것으로 보이기 때문이다. 오히려 심혼은 그 자신 속에 나를 포함하고 있는 세계에 해당한다. 어쩌면 바다를 그 자신 속에 포함된 것으로 믿고 있는 물고기도 있을 것이다. 만약 형이상학을 심리학적으로 고려한다면, 우리들 자신이 사용하는 환영도 스스로 제거해야 한다.

황금꽃의 비밀

그러한 형이상학적 주장은 '금강체'의 이념, 황금꽃이나 1인치 정방형 공간 내에 생겨나는 불멸의 혼령적 몸체에 대한 이념이다.[34] 이런 몸체는 모든 다른 경우와 마찬가지로, 객관적이고 생물학적인 삶의 경험을 통하여, 말하자면 열매, 태아, 어린이, 살아 있는 몸 등으로서 암시되거나 형

---

**34** 물론 우리의 텍스트는, '생명의 지속'으로 죽은 뒤에도 계속 존재하거나 육체적 현존을 연장하는 것을 의미하고 있는 게 아닌가 하는 의문의 여지를 다소 남긴다. '생명의 선약 Lebenselexier'과 같은 표현은 곤란할 만큼 불명확하다. 그보다 뒤에 있는 주해에서 정신 수행의 가르침이 또한 순수하게 육체적 의미로 이해되고 있음이 좀더 분명하게 드러난다. 이렇게 우리에게는 무척 낯선 육체적인 것과 정신적인 것의 혼합인데, 이것은 더 원시적인 정신에게는 전혀 방해가 안 되는 것이다. 왜냐하면 그에게는 우리에게서처럼 삶과 죽음이 그렇게 절대적으로 대립적인 것이 아니기 때문이다. (문화인류학적 자료로서, 이런 관점에서 고태적 표상들을 제공하는 영국의 '레스큐 서클rescue circle'의 '의사소통Kommunikationen'이 특별히 흥미롭다.) '불사의 존재가 된다는 것'과 관련지어, 이와 같은 불명확성은 초기 그리스도주의에서도 잘 드러나 있다. 여기에 매우 비슷한 전제, 즉 본질적인 생명의 운반체인 '영기靈氣의 몸체'에 관한 표상이 유래하고 있다. (겔리Geley의 초생리학적 이론은 그와 같은 태곳적 표상의 가장 최신적 재생일 것이다.) 그러나 우리는 이 텍스트에서 미신적 사용에 주의를 주는 입장, 예를 들어 황금을 만드는 것이 아님을 알리는 입장이므로, 텍스트의 의미에 전혀 모순을 느끼지 않고 정신적 의미를 가리키고 있다고 편안하게 주장하게 된다. 이런 가르침을 통해 도달하고자 하는 상태에는, 실제 육체적 의미를 갖는 몸체가 어떤 식으로든 그리 본질적인 역할을 하지 않는다. 이는 그 몸체가 '영기의 몸체'에 의해 대체되기 때문이다(그래서 정신 수행에서 호흡의 중요성이 강조될 수밖에 없다!). '영기의 몸체'는 우리가 의미하는 '정신적인 것'이 아니다. 서양인들은 매우 특징적으로 인식의 목적에 부합하도록 육체적인 것과 정신적인 것을 서로 떼어놓았던 것이다. 그러나 심혼에는 이러한 대극들이 나란히 하고 있다. 심리학만이 그것을 인정한다. '심리학적으로'라는 것은 육체적인 동시에 정신적이다. 이 텍스트의 이념은 모두 이런 둘 사이의 세계에서 이루어진다. 이 세계가 우리에게는 불확실하고 혼란스럽게 보일 것이다. 왜냐하면 우리에게 심적 현실(실제성Realität)의 개념은 아직 전면적으로 거론되지 않기 때문이다. 반면 그럼에도 그것은 고유한 생명의 영역을 나타내고 있다. 심혼 없는 정신은 마치 죽은 소재와 같다. 왜냐하면 두 개의 인공적인 추상성이 될 뿐이기 때문이다. 반면에 근원적인 직관에서는 정신이 휘발성의 육체이고, 그래서 소재는 혼이 불어넣어진 상태이다.

상적으로 나타나는, 놀라운 심리학적 사실에 대한 상징이다. 우리는 이런 사실을 가장 간단하게 언어로 표현할 수 있다: 내가 사는 것이 아니고, 그것이 나를 살게 한다. 의식이 우월한 경우 환영의 주체는 '내가 산다'고 믿는다. 이런 환영이 무의식의 인식을 통해서 좌절되면 무의식은 '나das Ich'를 포함하고 있는 어떤 객관적인 것으로 나타난다; 대략 원시인의 경우, 아들이 영원한 생명을 보증하는 것으로 비유될 수 있다; 마치 나이든 흑인이 자신을 따르지 않는 아들에게 "저기 나의 몸을 가진 아들 녀석이 있는데, 나에게 좀처럼 고분고분하지 않다"며 화가 나서 소리치는 경우처럼, 심하게는 괴이한 형태로 나타나는 매우 특징적인 느낌에 해당한다.

다시 말하면, 아들을 갖게 된 아버지가 경험하는 것과 비슷한 내면의 감정이 일어나는 변화를 다루고 있는 것이다. 우리 서양인들에게는 사도 바울의 "이제 내가 사는 것이 아니라, 그리스도가 내 안에 산다"는 증언이 알려주는 변화에 해당한다. '그리스도'라는 상징은 '인간의 아들'로서, 인간적 형상을 하고 있지만, 보다 더 높은 정신적 본질에 관한 심리적 유비이다. 이 정신의 본질은 각 개인에게 보이지 않는 형태로 탄생된 것이고, 우리에게 미래적인 거주를 위해 제공되는 기체적 느낌이 나는 몸체이다: 그것은 사도 바울이 표현하듯이, 옷처럼 입게 된 것('그리스도를 입게된다')을 의미한다. 그것은 당연히 매우 다루기 힘든 사실이면서, 생명과 개인 인격의 안녕을 위해 무한정 중요한 것이지만, 이를 지성적인 개념 언어로 표현하자면 신묘한 감정으로 드러날 뿐이다. 그것은 '파면된 존재'의 느낌이 결코 아닌, 어떤 의미에서 '대체된 존재'의 느낌이다. 그것은 마치 삶의 여정에 인도되어, 보이지 않는 중심의 자리에 도달한 것과

황금꽃의 비밀

같다. 니체의 메타포인 "가장 애정 어린 의미에서 느끼는 자유"는 여기에 가장 잘 들어맞는 표현일 것이다. 종교적인 언어에는 이런 자유로운 해방감의 표현, 고요와 귀의歸依의 감정을 형상적으로 묘사하는 표현이 많다.

이런 놀라운 경험에서, 주관적으로 '내가 산다'가 객관적으로 '그것이 나를 살게 한다'가 되어버렸기 때문에, 의식의 해체라는 결과적 현상을 보게 된다. 이런 상태는 이전의 상태보다 더 고귀한 것으로 받아들이게 되며, 신비적 참여라는 피할 수 없는 결과로 인한 강박이나, 감당 못할 책임감으로부터의 일종의 해방을 체감한다. 이런 해방의 감정이 바울을 전적으로 채웠는데, 이는 혈연관계의 옭아맴에서 벗어나 신의 자녀의 의식에 이르는 것에 해당한다. 『혜명경』에서 완성에 이른 자의 시선이 자연의 아름다움으로 되돌아가기 때문에, 그것은 또한 창조하고(생성하고) 있는 전부와 화해하는 감정이기도 한다.

바울적인 그리스도 상징에서 서양과 동양의 종교적 경험의 차이가 드러난다. 그리스도는 고통의 짐을 진 영웅이고, 황금꽃은 자색 보석의 회랑에서 핀 꽃이다: 이 두 대립물은 짐작조차 할 수 없는 차이, 역사라는 건너지 못할 만큼의 심연의 차이를 가진다! 이 문제는 미래의 어느 심리학자가 해결해야 할 걸작에 해당한다.

현재의 가장 큰 종교적 문제에 접근하기 앞서, 작은 문제가 여전히 남아 있다. 그것은 종교적 정신의 진보라는 문제이다. 그것을 담론화하려면 우리는 '값진 보석'이라는 주된 상징을 다루면서 드러나는 동양과 서양의 차이를 밝혀야 한다. 서양인들은 인간화하기Menschwerdung, 심지어 그리스도라는 인물과 그 역사성을 강조한다. 그에 반해 동양은 다음과 같이 말

한다: "생성도 없고, 사라짐도 없고, 과거도 없고, 미래도 없다."[35] 서양인의 견해에 따르면, 그리스도는 은총을 기다리면서 숙고하는 신적 인간에 예속된다. 그러나 동양은 인간으로서 각 개인이 자기에 대해 행하는 작업에서 비롯되는 해방이 있음을 알고 있다. 각 개인에서 전적으로 도가 자라난다. 우리가 하는 그리스도 닮기die Imitatio Christi는 한 인간을 최고의 의미로 육화한 신적 모범으로서 숭배하는 것이다. 요란한 모방 때문에 우리의 고유한 최고의 의미를 실현하는 것을 잊어버린다. 고유한 의미를 포기한다고 하여 전혀 불편한 것은 아니다. 예수가 그렇게 했다면 존경받는 목수가 되었을 것이고, 그 당시는 물론, 오늘날일지라도 종교적인 선동자가 되지는 않았을 것이다.

그리스도 닮기는 좀더 심층적으로 이해될 수 있다. 즉 예수가 했던 것과 같은 용기와 희생을 가지고 실현하려는 개인적인 기질들에 관해, 가장 충실한 표현으로는 바로 그의 의무, 즉 그가 가진 최상의 신념의 실행으로 이해될 수 있는 것이다. 다행스럽게도 우리는 모든 사람이 인류의 스승, 혹은 위대한 선동자가 되는 과제를 가지지는 않는다고 말해야겠다. 각자 자신의 방식에 따라 종국에 가서 그 개별적인 것을 실현한다고 할 수 있다. 이런 위대한 진솔함은 어쩌면 하나의 이상이 될 수 있을 것이다. 위대한 새로운 것은 언제나 눈에 가장 안 띄는 귀퉁이에서 시작되기 때문이다. 그래서 예를 들어 우리가 오늘날 벌거숭이를 별로 부끄러워하지 않는다는 사실이 있다면, 그것은 바로 있는 그대로를 인정하기 시작했음을

---

**35** 214쪽을 참고하라.

황금꽃의 비밀

의미할 수 있다. 바로 거기에서 이전까지 가장 강력한 터부였던 것이 더 폭넓은 인정을 받아 이해된다. 왜냐하면 지구상의 실제성은 테르툴리안 Tertullian이 '베일의 처녀들'이라고 했듯이, 그렇게 영원히 덮어둔 채로 두지는 않을 것이기 때문이다. 도덕적인 자기 폭로는 이런 방향으로 한 걸음 더 나아간 것을 의미하며, 이 경우에 이미 어떻게 그가 존재하고 있으며 어떻게 그 자신을 신봉하는지가 실제로 하나가 되어 있다. 어떤 의미를 가지지 못하고 그렇게 한다면 그는 혼란에 빠진 바보이지만, 그가 자신이 무엇을 하는지 안다면 고통에도 불구하고 그리스도의 상징을 실현하게 되는, 보다 더 높은 인간일 수 있다. 종종 종교에서, 앞선 단계에서 보여주는 터부나 마술적인 의례가 다음 단계에서는 심혼적인 일 혹은 순전히 정신적인 상징이 되어버리는 것을 보게 된다. 외적인 규범은 발전이 거듭되면서 내면적인 신조가 돼버린다. 그래서 프로테스탄트적인 사람에게서, 역사적으로 외부에서 발견되는 인물이었던 예수가 이제 자신의 내면에 자리잡은 더 상위의 인격이 될 수 있음을 보여주는 것이다. 이로써 동양적인 견해에서 깨달음에 해당하는 심리학적 상태가 유럽적으로 도달하게 된다.

이 모든 것은 보다 더 높은 인간의 의식이 알려지지 않은 목표로 향하는 노정에서 발견되는 것이지, 일반적인 의미에서 말하는 형이상학은 아니다. 우선적으로 그것은 '심리학'인데, 그렇게 심리학인 한, 그것은 경험 가능하고 이해 가능해서—다행스럽게도—실제로 직접 관계할 수 있는 실제성, 즉 직관적으로 감지하게 하는 실제성이고, 그래서 생생한 것이다. 내가 심리적으로 경험 가능한 것으로 만족스러워하면서 형이상학적인 것을 거부하는 것은, 모든 통찰력이 깨우쳐주듯이, 믿음이나 신뢰에 대항하여 거부하는 회의주의나 불가지론의 태도가 아니라, 대략 칸트가 물자체 Ding an sich를 '단지 부정적인 경계 개념'이라고 불렀던 것과 같이 의미하기를 원하기 때문이다. 어찌되었든 초월적인 것에 관한 표명은 가능한 한 피해야겠다. 왜냐하면 그것은 늘 단지 자신의 한계를 인식하지 못하는 인간 정신의 우스꽝스러운 억측에 지나지 않기 때문이다. 만약 신 혹은 도를 심혼의 반응 또는 상태로 부른다면, 그로 인해 모처럼 인식 가능한 것으로 다루려 함이지, 아무것도 확정될 수 없는 것, 즉 인식될 수 없는 것에 관해 말하려 함은 아니다.

황금꽃의 비밀

# 맺는말

이 해설의 목적은 동양과 서양 간에 내적이고 심혼적인 이해의 다리를 놓고자 하는 데 있다. 실제적으로 이해시키는 데 기초가 되는 것은 인간이기 때문에, 나는 인간적인 것에 관해 말해야만 한다. 나는 단지 일반적 기술만을 다룰 뿐, 특수한 기술에 대한 언급하려는 것은 아니었음을 미리 양해 구하고 싶다. 기술적인 지침은 카메라나 가솔린, 모터를 아는 사람에게는 가치가 있다: 그러나 그 기계에 관해 모르는 이들에게는 무의미하다. 이런 입장에서 보면 나는 어디까지나 서양인이라는 점에서 벗어나지 못한다. 그래서 나에게는 심혼적 상태와 상징학의 일치를 끌어내는 것이 무엇보다 중요한 것으로 여겨진다. 왜냐하면 이런 유비를 하는 과정에서 동양 정신의 내면적 공간에 이르는 통로를 열게 되며, 그 통로에서만 우리 서양인 자신의 고유함이 희생되거나 뿌리가 단절될 위험 없이 작업이 가능하기 때문이다. 또한 우리 앞에 놓인 것은 우리 서양인에게 근본적으로 전혀 상관이 없는 어떤 조망을 제공하는 지성적 망원경 혹은 현미경도 아니기 때문이다. 그것은 어쩌면 모든 문명의 인간에게서 고통과 추구와 노고라는 공동의 분위기로 이루어진 것이다. 그래서 그것은 모든 인류에게 부과된 것으로, 아주 뚜렷하게 각각 나뉜 문화들이 공동 과제로서 연결하는 작업인, 의식화의 원대한 본성적 실험Naturexperiment에 해당한다.

서양의 의식은 어떤 상황하에 있더라도 여전히 의식일 뿐이다. 그것도 어쩌면 단지 인류의 한 부분을 재현하고 있는 것이므로 역사적으로나 지리적으로나 제한된 크기이다. 동양인들이 우리의 기술, 학문 그리고 산업 없이는 살 수 없게 된 것처럼, 우리의 의식의 확장은 다른 의식류의 희생으로 이루어지기보다는, 우리의 정신에서 그 낯선 정신의 특징과 유비되는 각 정신 요소의 발전을 통해 성취되어야 할 것이다. 서구가 동양을 침범한 것은 곧 위대한 문화양식에 침입한 것에 해당하는 범죄행위였다. 그것이 우리에게 동양의 정신을 이해해야 한다는 의무—고상한 의무—를 지게 했다. 이 점은 어쩌면 우리가 지금 짐작하는 것 이상으로 더 절실한 것일지 모른다.

# 유럽 만다라의 예

여기의 만다라들은 본문에서 언급했듯이 환자들의 치료중에 생겨난 것이다. 최초의 그림은 1916년에 그려졌다. 모든 그림은 전혀 동양적인 영향을 받지 않고 자생적으로 생겨났다. 네번째 그림의 괘는 제임스 레게가 번역한 *Sacred Books of the East*를 읽은 후 그린 것이다. 그 내용이 대학 교육을 받은 여환자의 삶에 특별히 의미 있는 것으로 다가왔기 때문에 그림으로 집어넣게 되었다. 나는 엄청난 수의 만다라를 수집하였는데, 내가 아는 유럽의 만다라 중 그 어느 것도 동양적 만다라와 같이 관념적이면서 전통적으로 안정된 조화와 완전성에 도달한 것은 없었다. 그래서 나는 끝없이 다양하게 시도된 유럽적 만다라들 중에서 10개의 그림만을 선택하였다. 이것들은 모두 뚜렷하게 무의식적인 유럽식의 이념적 심상을 동양철학과 비교할 수 있는 것들이다.

1. 여성. 모든 꽃 중에서 가장 탁월한 것으로서 황금꽃을 나타내었다.

2. 여성. 가운데 황금꽃이 자리하고, 그로부터 팔방으로 뻗어나온 물고기는 풍요를 상징한다(이는 라마교식 만다라의 번개 빛에 상응한다).

3. 남성. 한가운데 빛나는 꽃이 있고, 별들이 그 꽃 둘레를 돌고 있다. 그 꽃을 여덟 개의 문으로 이루어진 울타리가 둘러싸고 있다. 그 전체는 투명한 창으로 여겨진다.

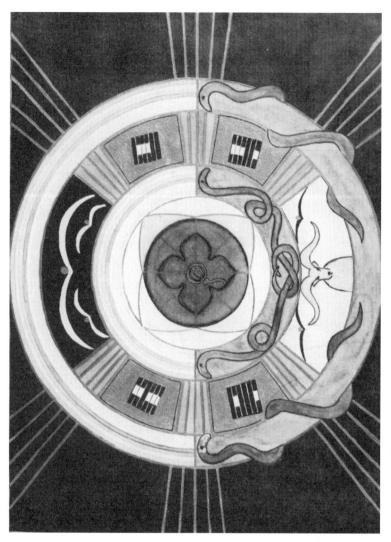

4. 여성. 대기와 지구와 세계의 분리(새와 뱀의 분리)를 나타낸다. 한가운데 황금의 별을 지닌 꽃이 있다.

5. 여성. 밝고 어두운 세계, 즉 천상적 심혼과 지상적 심혼의 분리를 나타낸다. 중앙부는 명상적 관조를 나타낸다.

6. 남성. 한가운데 백색의 빛이 있는데, 천상의 공간에서 빛난다. 첫번째 울타리 안에는 원형질 같은 생명의 씨앗들이 들어 있다. 두번째 울타리 안에는 네 개의 기본 색채를 품고 둥글게 도는 우주적 원칙들이 있다. 세번째와 네번째의 울타리 안에는 안쪽과 바깥쪽으로 작용하는 창조적 힘이 있다. 그 중심점들 속에는 여성과 남성의 혼이 들어 있는데, 이 둘도 다시 밝고 어두운 것으로 나뉜다.

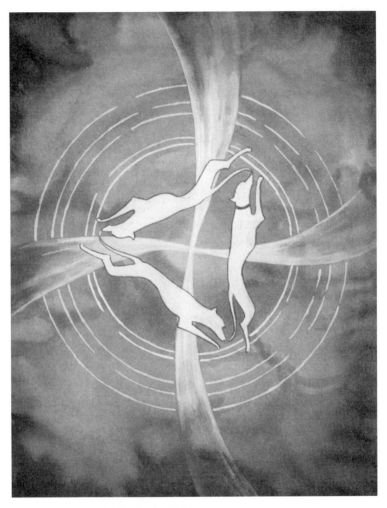

7. 여성. 원圓운동으로 나타난 4위位의 묘사이다.

8. 여성. 배아주머니 속에 한 아기가 있는데, 네 개의 기본 색채로서 원환주행하고 있음을 나타낸다.

9. 여성. 배아주머니 가운데 인간의 형상이 있고, 피의 용기Gefäß에 의해 영양을 공급받는다. 그 용기는 근원을 우주에 두고 있다. 우주는 자신의 유출물을 끌어당기는 중심 주변을 돌고 있다. 바깥 둘레에는 신경망神經網이 위치하는데, 이는 그 과정이 태양신경총 안에서 일어나고 있음을 의미한다.

10. 남성. 이 만다라는 성벽과 해자垓子로 세운 도시 같다. 내부에서 넓은 해자가 16개 문을 지키는 벽을 둘러싸고 있다. 그 안에 다시 해자가 있다. 이 해자는 황금의 지붕으로 이루어진 중심부 성을 감싼다. 성의 중심에는 황금의 신전이 있다.

# 제2부

# 빌헬름의 원문 번역 및 주해

Text und Erläuterungen von Richard Wilhelm

이 판본의 뒷부분에는 명상에 관한 텍스트 번역이 포함되어 있다. 이 텍스트는『태을금화종지』와 비슷한 전통에 뿌리를 두고 있으며, 같은 시기에 중국에서 출판된 것이다. 거기에는 리하르트 빌헬름이 1926년에 짧게 쓴 '들어가는 말'이 포함되어 있었다. 그것은 다음과 같다;

"『혜명경慧命經』, 곧 '의식과 생명性命에 관한 책'은 1794년 유화양柳華陽에 의해 작성된 것이다. 유화양은 강서 성江西省의 호구湖口에서 태어나, 나중에 안휘安徽에 있는 쌍련사雙蓮寺의 승려가 된 사람이다. 이 책의 번역본이 1921년 새로 출판되었는데, 그 옮긴이는 혜진자慧眞子(진리를 알아차린 자)라는 익명을 가지고 있다. 이 새 판본은『태을금화종지』와 더불어 셀 수 없을 만큼 거듭 출판되었다.

이 저작은 불교적이자 도교적인 명상을 다룬다. 기본이 되는 관점은, 탄생기에 의식과 무의식이라는 심혼의 두 영역이 각기 나누어졌다는 것이다. 의식은 개별적 특성의 요소이고, 무의식은 우주적 연결을 하는 요소이다. 명상은 이 둘을 결합하는 작업이다. 무의식은 의식의 침하에 의하여 수태가 되고, 이를 통해서 무의식은 의식에서 드러나야 한다. 이렇게 함으로써 풍요롭게 의식화된 것이 정신적 재탄생이 되어 초개인적인 의식의 수준으로 나타나게 된다. 그러면 이런 정신적 재탄생은 사유 방식과는 관계없는 형태로써 지속적인 내면의 분화를 이끈다. 그러나 명상의 완성은 반드시 모든 구분이 사라지는, 통일적 생명Einheitsleben에 이르는 것이다."

  텍스트의 번역은 『학문과 예술을 위한 중국 소책자Chinesischen Blätter für Wissenschaft und Kunst』(Darmstadt, 1926) 제3편 104~114쪽에 나와 있다. 옮긴이는 로(L. C. Lo)로 되어 있다. 로 박사는 당시 프랑크푸르트암마인에 있는 중국연구소에서 빌헬름과 같이 일하던 조교였다. 빌헬름은 그에게 번역을 하도록 하였고, 자신은 그 번역을 감수하였다. 그래서 『태을금화종지』의 번역체와 매우 유사하다. 이 소책자는 아주 간소한 판본으로 발간되었는데, 이는 관심 있는 독자가 보다 쉽게 텍스트에 접근할 수 있게 한 것이었다.


                                                              S. W.

# 『태을금화종지』의 출처와 내용

## 1. 텍스트의 출처

이 책은 중국의 비교秘敎 모임에서 비롯된 것으로, 오랫동안 구전되어
오다가 나중에 문자로 전승되었다. 그 첫 인쇄는 18세기 건륭乾隆 시대에
이루어졌다. 1920년 베이징에서 『혜명경』과 함께 1000부가 새로 인쇄되
었고, 이 책들은 작은 모임의 구성원들이 나누어 가졌다. 책을 가진 구성
원들은 모두 모임에서 제기된 질문에 대한 이해를 전제하고 있다. 이런
방식으로 나에게도 책 한 권이 주어지게 된 것이다. 이 작은 책자가 인쇄
되고 보급된 것은 당시 중국이 정치적 및 경제적 어려움에 처하여 종교적
흐름의 새로운 각성이 있었기 때문이다. 일련의 밀교 종파들은 오랜 세월
동안 밀교적 전수의 실천적 연습으로 삶의 모든 고통에서 벗어날 수 있는
어떤 심혼적 상태Seelenzustand에 이르려는 노력을 비밀스럽게 해왔다. 중

국에서는 아주 널리 보급되어 있는 자동기술Planchette[1](중국적 표현을 빌리자면, 정령의 연필)로 직접 연결하는 영매적 모임 외에도 부적, 기도, 희생 제물 등의 방법이 활용되었다. 그 밖에도 다른 밀교적 방향이 있는데, 주로 심리학적 방법, 즉 명상 및 정신 수행이 대부분이다. 이런 방법의 신봉 자들은—동양적 수행을 단지 일종의 스포츠 정도로 간주하는 유럽적 '요가 수행자들'과는 달리—거의 예외 없이 중심적인 경험에 이르게 된다. 그래서 사람들은 중국적 심혼적 상태에 대해, 특정의 심혼적 체험에 이르게 하는 완전히 보증된 방법을 다룬다고 한다(융이 제대로 지적하였듯이, 중국적 심혼적 상태는 오늘날까지도 계속 여러 면에서 보아도 유럽인들과는 본질적으로 다르다). 거의 미쳤다고 할 정도로 외부세계의 속박으로부터 벗어남 외에도 여러 종파에서 구하고 있는 다양한 다른 목표가 있을 것이다: 가장 최고의 단계는 명상적 바탕에서 해방을 통하여 불교적 니르바나Nirvana에 도달하는 것이다. 혹은 예를 들어 제시된 저술에서 드러나 있듯이 인간 내부의 정신적 원칙과 그에 배속된 심리적 힘과의 결합을 통하여 사후의 영생 가능성을 갖는 것인데, 이는 미망에 빠진 그림자 존재의 해체로서가 아니라, 오히려 의식적 정신을 준비하는 것을 말한다. 종종 그와 같은 방식으로 명상을 통하여 어떤 식물-동물적 생명 과정에 정신적 영향력을 행하도록 시도하는 방향도 있다(유럽에서는 이를 내분비선 조직의 과정

---

1 이런 자동기술의 보급은, 당唐 시대의 대가인 여조呂祖가 이것으로 서문을 쓰게 했다는 점에서 매우 이례적이다. 이 서문은 책에 이미 기술된 생각에서 매우 자유롭게 벗어나 있다; 그것은 이런 부류의 산물들이 대부분 그렇듯이 아주 무미건조하고 도무지 무엇을 의미하는지 알 수 없다.

으로 이야기할 것이다). 이를 통하여 생명 과정의 강화, 회춘 및 정상화가 이루어지도록 하는 것인데, 죽음도 이런 방식으로 극복해서, 죽음이 생명 과정의 조화로운 결말이 되도록 한다: 지상의 육체는 정신적 원칙에 의해 (그의 힘의 체계에서 생산된 정신적 몸체에서 독립적으로 계속 삶을 영위할 수 있게 하는 것) 내버려져, 번데기에서 빠져나온 매미의 허물과 같이 껍데기로 남을 뿐이다. 이런 저급한 종파의 종교들에서는 그러한 방식으로 마력을 가지려 애쓰고, 나쁜 영과 질병을 추방하는 능력을 가지려 애쓰게 되는데, 이런 경우에 부적, 주문 및 액막이 주문이 큰 역할을 한다. 이때 경우에 따라서는 대중적 정신이상에 이르기도 한다. 이는 종교적 혹은 정치-종교적 불안정(1900년 중국 의화단의 난이 그 한 사례다)으로 인해 일어나는 현상이다. 최근에는 새롭게 도교 자체의 통합주의적 경향이 있다. 이런 이유에서 구성원들은 모두 세계 5대 종교(유교, 도교, 불교, 이슬람교, 기독교)에 속하는 것으로 받아들여지게 되었다. 그들은 자신의 종교단체에서 탈퇴할 필요가 없는 것이다.

지금까지 오늘날 도교 수행적 움직임이 나타나게 된 배경을 간단하게 밝혔는데, 이제 앞서 제시한 이 책의 가르침의 원천에 관하여 짧게 언급하도록 하겠다. 여기서 우리는 아주 특징적인 것을 발견하게 된다. 이 가르침은 문자로 정리되기 훨씬 전부터 존재했다. 『태을금화종지』[2]의 목판 인쇄본까지 고려하면 거의 17세기까지 거슬러올라가야 할 것이다. 작성

---

2 『황금꽃의 비밀』, 즉 『태을금화종지』라는 제목은 중국 편집자가 이전 판본에서 『장생술』로 바꾸어버렸던 것을 되살린 것이다.

자가 묘사하기를, 이 책의 온전하지 않은 판본을 우연히 베이징의 고서적 및 골동품상 거리인 리우리창琉璃廠에서 발견하였고, 나중에 친구의 책을 빌려 보완하여 완성하게 되었다고 한다. 그래서 이 책은 8세기 당나라 시대에 성행한 황금의 선약Elixier의 종교(금단교金丹敎)로 소급된다. 그 종파의 창설자는 유명한 도교의 대가 여엄呂巖(여동빈呂洞賓)으로 알려져 있는데, 그는 나중에 여덟 명의 불사不死한 선사仙師에 속한다. 여러 세대를 거치면서 그에 관하여 여러 불가사의한 이야기가 형성되었다. 당나라 시대는 토착종교와 외래종교 모두 허용되고 육성되는 때였으므로 이 종교집단도 크게 번창하였으나, 시간이 흘러가면서 구성원들이 비밀스러운 정치적 운동을 한다는 의심을 받게 되면서 그들을 적대적으로 본 정부의 박해를 받게 되었고, 마침내 아주 끔찍한 방식으로 청나라 조정에 의해 전멸당하기에 이르렀다.[3] 그후 많은 신도들은 기독교로 개종하였다. 교회에 직접 가지 않은 사람들조차도 기독교에 매우 우호적으로 되었다.

금단교의 가르침에 관하여, 이 책은 최고의 정보를 제공하고 있다. 그 잠언들은 여엄(여동빈이라고도 하는데, 이는 '여呂라는 동굴의 방문객'을 의미한다)에게로 거슬러올라간다. 이 책에서 그는 교조 여呂, 즉 여조呂祖로 소개되어 있다. 그는 서기 755년에 태어나 8세기를 지나 9세기 무렵까지 살았다. 그의 가르침에는 나중에 여러 주석들이 첨가되었는데, 그것은 모두 같은 가르침에서 비롯된 것이다.

여조는 어디에서 그러한 비의적秘義的 가르침을 갖게 되었을까? 그는 자

---

[3] 1891년에 1만 5000명의 신도들이 청 군대에 의해 죽임을 당했다.

황금꽃의 비밀

신의 가르침의 기원을 윤희尹喜(관윤희關尹喜)에게로 돌리고 있다. 전설에 따르면 노자가 이 관윤희를 위하여 『도덕경道德經』을 쓰게 되었다고 한다. 실제로 이 책에서도 도덕경의 비의적 가르침에서 비롯된 수많은 사상들이 체계적으로 드러난다(예를 들어 이 책에 나오는 계곡의 신들은 노자의 곡신 Talgeist, 谷神과 같다). 그러나 도교는 한漢 시대에 이르러 점차 외적으로 적용되는 마법으로 변질되었다. 도교 본산지의 술사들은 연금술의 방법을 통해 금단Goldpille, 金丹(현자의 돌)을 구하려 했었다. 금단을 구하는 것은 하찮은 물질에서 금을 생산해내는 것이고, 인간에게 육체적 불사성을 제공하는 것으로 알려져 있었다. 여엄의 가르침은 이런 사실의 개혁을 알리는 것이 되었다. 연금술적 표현들은 심리적 과정의 상징에 해당한다. 바로 이 점이 그가 노자의 사상에 다시 더 가깝게 접근했음을 보여준다. 노자는 완전히 자유로운 사상가였고, 그의 후계자인 장자莊子는 정신 수련에 쓰는 주문, 자연 치유자, 생명의 엘릭시어를 구하는 자 모두를 경멸하였다. 그러나 자신은 자연스럽게 명상을 하게 되었고, 그 명상이 깨달음에 이르도록 했으며, 그에 기초하여 훗날 사유적 체계를 마련하였다. 여엄의 가르침에는 어떤 특별한 믿음, 소위 종교적 성향이라 부를 만한 것이 있다. 그는 불교에 힘입어 외적인 모든 것의 현상들에 관하여 언급하고 있지만, 불교와는 분명히 다른 방식을 발견하게 된다. 그는 현상계에서 연금술의 대가에게 영원한 삶을 보증한 고요의 지점을 찾고자 하였는데, 이런 생각은 개별의 육적 자아를 부정하는 불교와는 다른 것이다. 그럼에도 당시에 강력한 영향력을 행사하던 대승불교Mahayanabuddhismus의 위세를 평가절하할 수는 없었다. 그래서 불교 경전이 반복적으로 인용된 것이다.

우리가 다루려는 텍스트에도 그런 영향이 금단교에서 일반적으로 받아들이고 있는 것보다 더 크게 부각되어 있다. 제3장의 후반부에 '고정하려는 정관靜觀', 즉 지관止觀의 방법이 제시되어 있다. 이것은 지의智顗의 천태종天台宗파에서 수행된 불교적 방식이다. 이로써 이 저술의 표현에 일종의 불교적 침해가 있었음을 알 수 있다. 어떤 곳에서는 '황금의 꽃'을 지지하여 묘사하기도 하고, 또다른 곳에서는 순전히 불교적 사유가 등장하기도 하는데, 이런 불교적 사유는 그 목적이 세계를 초탈하여 니르바나에 이르도록 하는 데 있다. 그리고 몇몇 장들은[4] 정신적 도달 지점 및 그와 관련된 것들이 새어나가지 않게 하는 것을 다루고 있는데, 검토할 가치가 있었다. 그 밖에 빛의 원환주행Kreislauf, 回光에 의해 이루어지는 내면의 새로운 탄생에 대한 작업과 신적인 배아의 생산은 첫 단계에서만 묘사되어 있다. 계속되는 단계들이 목표로서 명명되어 있고, 그것들이 예를 들면 유화양의 『속명방續命方』에서도 더 구체적으로 다루어지고는 있다. 이런 이유에서 보면 저술의 일부분이 유실되어 다른 원천에서 끌어와 대체한 것으로 짐작된다. 이렇게 함으로써, 앞서 언급했던 다른 내용의 유입이나 수준이 맞지 않아서 번역하지 않은 부분에 대해 설명이 되었을 것이다.

그러나 선입견 없는 텍스트 읽기를 한다면, 사상의 내용에 대해서 두 가지 원천들이 충분한 설명이 아니라는 것을 알아차리게 될 것이다. 유교는 『역경易經』에 기초하고 있는데, 이것도 참고가 될 것이다. 『역경』의 기본이 되는 팔괘는 내면의 과정들을 위한 상징들로, 이 텍스트의 여러 곳

---

4  이런 장들은 번역에서 누락되어 있었다.

에서 끌어들여져 적용되고 있다. 우리는 이런 상징의 이용이 어떤 영향을 줄지 나중에 살펴볼 것이다. 이외에도 유교는 도교와 함께 폭넓은 기초를 제공하고 있는데, 이런 사상들이 잘 통합되어 있어 관련 있는 것들이 서로 전혀 방해를 받지 않게 되었다.

특징적으로 여러 유럽의 독자들에게는 어쩌면 기독교 교리에서 알려져 있는 텍스트의 성구들이 될 수 있으므로 감흥을 줄 것이다. 그런가 하면 다른 한편으로는 이렇게 완전히 잘 알려진 것들은 유럽에서 거의 종교의 제의적 구절로 파악되거나, 그렇게 끌어들여진 심리학적 맥락에 의해서 전혀 다른 관점을 갖게 되기도 할 것이다. 우리는 (특히 두드러진 몇 가지만 골라내는 식이긴 하지만) 다음과 같은 직관과 개념들을 주목한다: 빛은 인간의 생명이다. 눈은 육체의 빛이다. 물과 불에서 인간의 정신적 재탄생이 있게 되는데, 이를 위해 모성인 자궁 혹은 토양에 해당하는 것에 이르러야만 한다. 이런 내용은 세례 요한의 직관들과 비교 가능하다: "나는 당신들에게 물로 세례를 주노라; 나 다음에는 성령과 성령의 불로 세례를 주는 자가 올 것이다" 혹은 "물과 영에서 새롭게 태어난 자야말로 바로 천상의 나라에 이를 것이다". 우리의 텍스트에서도 소위 배아에 해당하는 기체로서의 '물'을 매우 강조하여 제시하고, 생산에서 소요되어야 할 것이 외부로 향하는 활동성이 되어버린다는 것을(육체에 의해서 생산하게 된 것은 바로 육체이다) 분명히 보여주고, '역행rückläufige' 운동Μετανοια을 제안하고 있는 것이다. 목욕은 세례 요한의 세례처럼 이런 재탄생에 중요한 역할을 한다. 그리고 비술적 결혼은 기독교적 비유에서 중요한 역할을 하는데, 이는 여러 곳에서 나타난다; 어린이, 내면의 소년(영원한 소년puer aeternus, 우리 안에서 태어나야만 하는 그리스도이며, 다른 한편으로는 심혼의 신랑이다), 또한 심혼의 신부라고 불리고 있다. 어쩌면 가장 두드러지는 것은, 겉보기에 주변적인 것으로 보일 정도로, 즉 램프에 기름이 있어야 환히 밝히게 될 것이라는 식으로 표현하지만, 이것이 우리의 텍스트를 통하여 새롭고도 막중한 심리학적 의미를 갖게 된다. 그것은 황금의 꽃金華이 또한 비술적 관점에서 '빛光'이라는 표현을 갖게 되었음을 언급하지 않을 수 없다. 光광 자를 형성하고 있는 문자를 위아래로 나눠 보면, 윗부분과 아랫부분 모두 '빛'을 나타낸다. 아마도 이 비밀스런 표시는 탄압이 심하던 시기에 고안된 것으로, 가능한 한 모든 위험을 피하여 가르침을 계속하기 위해 베일에 가려진 내밀한 비밀로 전수되도록 의도한 것이었다. 그것은 또한 가르침이 언제나 비밀 회동에서만 이루어지도록 제한했던 근거이기도 하다. 어쨌든 오늘날에도 여전히 베일에 가려진 신도들이, 드러내놓고 활동하고 있는 신도보다 더 많다.

만약 어디에서 이런 빛의 종교가 비롯되었는가를 묻는다면, 제일 먼저 페르시아를 떠올리게 된다. 왜냐하면 당나라 시대 중국에는 이미 페르시아 신전이 여러 곳 있었기 때문이다. 한편으로는 조로아스터교 및 페르시아 비교들과 일치하는 점이 있으나, 다른 한편으로는 서로 강하게 배치되는 점들도 있다. 또다른 생각으로는 직접적으로 기독교적 영향이 있었다고도 하겠다. 당 시대에 이르러 황제와 동맹관계에 있던 위구르족의 종교가 네스토리우스파 기독교였다. 이는 중국어와 시리아어 비문으로 입증된 781년의 네스토리우스파 기념비가 시안푸西安府에 있다는 점을 고려한 것이다. 그래서 네스토리우스파와 금단교 사이에 어떤 관련이 있을 가능성이 있다. 리하르트Th. Richard는 더 나아가서 금단교에서 옛 네스토리우스파의 잔재를 보기도 하였다. 금단교 구성원의 제의와 전통에서 보이는 몇몇 기독교와의 일치점들이 그것을 확신하게 한다. 최근에 사에키P. Y. Saeki[5]는 이 이론을 다시 받아들여, 둔황敦煌에서 펠리오Pelliot에 의해 발굴된 네스토리우스파의 미사 전례를 통해 일련의 여러 유사성을 확인하려 하였다. 그렇게 그는 금단교 교조 여엄을, 네스토리우스파 서판의 기록자, 즉 아담Adam의 중국 이름인 여수엄呂秀巖과 동일인이라고 밝히기에 이른다. 그에 따르면 여엄은 금단교의 교조이고, 네스토리우스파의 교리를 알고 있는 기독교인이라는 것이다! 사에키는 그 확인 작업의 즐거움에 너무 빠져서 지나치게 나아간 것이다: 그의 증명들은 모두 꽤 설득력이 있지만, 그 증명을 결정적이게 하는 것이 줄곧 빠져 있다. 수많은 반 토막 증명들이 제시되지만 어느 하나 제대로 결정적이게 하지는 못한다. 이러한 저술들의 주장이 어느 정도는 유효하므로, 우리도 금단교에 네스토리우스파적 사상의 유입이 있었음을 인정해야만 할 것이다. 이런 사상들은 일부 낯선 옷을 입은 효과가 날 것이고, 일부는 새로운 삶의 활력을 수용한 특징에 해당할 것이다. 그래서 우리는 여기서 다시 다음과 같은 내용을 강조하기에 이른다:

"동양과 서양 / 서로 떼어놓을 수 없다."

---

5 _The Nestrorian Monument in China_(제2판, London, 1928).

## 2. 텍스트의 심리학적 및 우주적 전제들

다음에 나오는 본문 번역의 이해를 위해서, 비술의 방법론이 유래된 세계관의 기초에 관해 몇 마디 언급해두고자 한다. 그 세계관은 어느 정도 중국철학이 가진 공통적 특징이기도 하다. 우주와 인간이 기본적으로 공통의 법칙에 따르고 있으며, 인간은 하나의 작은 우주이고, 또한 거대한 우주와 명확하게 나뉜 것이 아니다. 같은 법칙이 지배하기 때문에 하나의 상태에서 다른 상태로의 이행이 가능하도록 서로 열려 있다. 정신과 우주는 내면세계와 외부세계처럼 관계하고 있다. 그래서 인간은 모든 우주적 사건에 저절로 관여하고, 외적으로 관계하는 만큼 내적으로도 우주적 사건에 연루되어 있다.

그래서 도道, 세계의 의미Weltsinn, 길은 비가시적 자연과 가시적 자연(천상과 지상天地)과 마찬가지로 인간을 지배한다. 道라는 글자[6]에는 우선 머리를 뜻하는 首슈 자가 있는데, 이는 '시초'라는 의미를 가지고 있음이 틀림없다. 그리고 거기에 '가다'라는 의미의 走주 자가 보태어져 있다. 그래서 '궤도Geleise'라는 의미의 이중 형태로 드러난다. 거기에 쓰기 불편해서 생략된, '선 채 머무르다'라는 의미의 止지 자가 들어 있었다. 그래서 근본적으로 그 의미는 다음과 같다: "궤도, 처음부터 목표에 이르기까지—그 자체 확정되어 있는—직접 인도할 수 있는 노선." 그것은 또한 자신은 움직이지 않은 채 모든 움직임을 매개하고 법칙을 제시하는 내용에 기초하

---

6 글자 표기의 분석에 관하여 Gu Dschou Biën의 66권 25쪽 이하를 참고하라.

황금꽃의 비밀

고 있다. 천상의 궤도란 그 위에서 별들이 운행하게 되는 궤도를 말한다;
인간의 궤도는 바로 인간이 가야 할 길이 되는 것이다. 이 단어를 노자가
형이상학적 의미로 사용하였는데, 세계의 최고 원리로서, 모든 현실적 실
현 이전의 '가치'로서, 즉 모든 현실적 실현이 관련되어 있는, 소위 대립
의 이원적 분리가 아직 이루어지지 않은 가치로서 제시하였다. 이런 용어
가 여기 제시된 텍스트에 전제되어 있다.

유교에서는 약간의 차이가 발견된다. 도道라는 말은 유교에서 하나의
의미, 즉 내면적 세계의 가치＝정도正道로서 사용되는데, 이는 한편으로는
천상의 길天道, 다른 한편으로는 인간의 길人道이라는 의미를 갖는다. 인간
의 길의 원칙은 둘로 나누어지지 않는 통일성의 원리인데, 유교에서는 이
를 태극太極(위대한 용마루도리der große Firstbalken, 즉 위대한 극極, Pol)으로 나
타낸다. 이 극은 우리의 텍스트에서 자주 등장하는데, 도와 동일시된다.

도에서, 혹은 태극에서 양과 음이라는 대극의 현실성의 원리들이 생겨
난다. 유럽 연구자들 사이에서는 우선적으로 음양의 구분을 성적인 것으
로 생각하는 경향이 있다. 그러나 동양에서 이런 내용의 기초 자체는 자
연현상과 관계된다. 음陰은 그림자이다. 그래서 산의 북쪽이고 강의 남쪽
이다(태양이 남쪽에서 어둡게 나타나 낮 동안 내내 비추고 있기 때문이다). 양陽
의 근원적 형태는 휘날리는 삼각 깃발이며—이는 음의 기초에 상응하는
것으로—산의 남쪽이고 강의 북쪽이다. 의미상 '빛'과 '어두움'은 모든 대
극의 원칙으로, 심지어는 성적으로도 사용될 수 있게 확장된다. 그러나
다만 현상 영역 내에서 그렇게 활동적으로 되어 드러날 때 그렇고, 그들
의 공동 근원은 둘로 나누어지지 않은 하나이다. 여기서 양은 능동적 원

칙에, 상대적으로 음은 수동적 원리에 해당하는 것이다. 그래서 이런 사상은 결코 어떤 형이상학적 이원론에 기초하고 있지 않음이 분명하다. 음과 양은 생산적인 것das Schöpferische(건乾)과 수용적인 것das Empfangene(곤坤)의 개념으로 구체화되는데, 이는 『역경』에서 비롯된 것으로, 각기 하늘과 땅으로 상징화되어 있다. 하늘과 땅의 연결에 의하여, 그리고 이런 가시적 장소 안에서 이중의 근원적 힘의 작용에 의하여(즉 도의 원리에 따라서) '만물', 즉 외부세계가 생겨난다.

   만물 가운데—외적으로 본다면—인간도 모든 부분들 중 하나인 소우주 小天地인데, 이는 신체적 현상으로 드러난다. 그래서 인간의 내면은 천상에서 유래하고—유학자들이 말했듯이—혹은 도가들이 표현하듯이 도의 현상화의 형식이기도 하다. 현상적으로 인간은 개인으로서 다양하게 펼쳐지며, 그 개인 안에는 삶의 원칙으로서 중심이 되는 하나가 포함되어 있다. 그 하나는—수태의 순간인 탄생 전에 여전히 그런 상태로 있다가—(탄생과 더불어) 본성性과 생명命으로 나누어진다. 본성, 즉 性성이란 글자는 심장을 의미하는 心심과, 생기다, 즉 태어난다는 의미의 生생으로 이루어져 있다. 심장인 심心은 중국적 견해에 따른다면, 정서적 의식의 자리에 해당한다. 여기서 정서적 의식이란 오감에 의하여 외부세계에서 비롯된 인상에 대한 감정적 반응으로 일깨워진 것을 의미한다. 만약 전혀 감정이 표명되지 않을 때에는 단지 기저Substrat로서 남는 것, 소위 피안의—초의식적인—상태로서 보내게 되는 것이다: 그것이 바로 본성性이다. 개념의 정의에 따라서 살펴보면, 영원한 이념의 관점에서 고려하여 그것을 근본적으로 선善이라고 하거나(맹자), 혹은 근본적으로 악惡이라고 하거나, 최소한 경험사적 발전의 관점하에서 볼 때 덕德의 오랜 발전을 통하여 선하게 되어야 하는 어떤 중립적인 것으로 보기도 한다(순자).

본성性은 어떤 경우에든 로고스Logos에 가까운 것으로, 현상으로 드러나게 되면 생명命과 긴밀하게 결합되어 등장한다. 명命이라는 글자는 원래 왕명王命을 의미하며, 또한 소명Bestimmung, 한 사람에게 주어진 운명, 삶의 시간 동안에 지속되는 것, 제공된 생명력의 정도 등을 의미한다. 그래서 명命은 에로스Eros와 가까운 것이다. 두 원칙은 소위 초개인적인 것이다. 본성性은 정신적 존재로서 인간으로 하여금 인간이 되게 만든다. 개별 인간은 그것을 소유하고 있다. 그러나 그것은 개별성을 넘어서 있는 것이다. 생명命은 초개인적이고, 인간으로서는 자신의 의식적 의지에 전혀 상응하지 않는, 그래서 그대로 넘겨받아야만 하는 숙명이다. 유교는 그것을 인간이 하늘로부터 부여받은 법칙으로 보았다. 인간은 그 법칙에 가차 없이 따라야 한다고 본 것이다; 도교는 인간에게 있는 자연의 다양한 놀이로 보았다. 이는 도의 법칙을 꾀할 수 없고 우연적 계기로 드러난다; 중국 불교는 미망의 세계 안에서 일어나고 있는 업Karma의 영향인 것으로 보았다.

신체적-개인적 인간에게는 다음과 같은 양극적 긴장이 이런 이중적 쌍(性-命)에 해당한다. 신체는 두 개의 심혼적 심상이 함께 활동함으로써 살아간다: 1. 혼魂은 양의 원리에 해당하기 때문에 아니무스animus로 번역하였다. 2. 백魄은 음의 원리에 속하기 때문에 상대적으로 아니마anima로 번역하였다. 이 둘은 죽음의 진행 과정을 관찰함으로써 드러나게 된 표상들이다. 그래서 그 둘은 데몬Dämon, 즉 육체와 떨어진 것(귀鬼)의 고전적 표현을 갖는다. 흔히 아니마는 주로 신체적인 과정에 연결되어 있는 것으로 생각된다; 그것은 죽을 때 대지로 가라앉아 분해된다. 그에 반하여 아니무스는 보다 더 상위의 심혼이다; 그것은 죽음 이후에 공중으로 높이 올라간다. 거기서 한동안 머물다가 천상적 공간으로 사라져버리거나, 경우에 따라서는 보편적인 생명의 저수지로 다시 흘러들어가게 된다. 살아 있는 사람에게 이 둘은 어느 정도 대뇌 신경 및 태양신경총에 상응하는 것이다. 아니무스는 눈에 거주하고, 아니마는 하체에 거주하게 된다. 아니무스는 밝게 빛나고 유동적이다. 아니마는 어둡고 대지적이다. 혼魂이라는 표현, 즉 아니무스는 데몬과 구름을 의미하는 문자가 하나로 합쳐진 것이다. 백魄이라는 표현, 즉 아니마는 데몬과 희다는 의미의 문자가 한데 어우러진 것이다. 그래서 그것들은 우리(유럽인)가 어느 곳에선가 그림자의 심혼과 육체의 심혼으로 있다고 여기는 것과 비슷한 생각에 이르게 하는 것이다. 의심할 여지 없이 비슷한 것이 중국적 견해 안에 그렇게 포함되어 있다. 우리는 언제나 이런 소급에 대하여 주의를 해야만 한다. 왜냐하면 가장 오래된 묘사 방식에서는 데몬에 대한 고전적 표현 방식이 전혀 없었고, 단지 가능적 방식으로, 그래서 더이상 소급시킬 수 없는 근원적 상징을 다루기 때문이다. 어찌되었든 모든 경우에 아니무스―혼―는 밝은 양의 심혼이고, 이에 반해 아니마―백―는 어두운 음의 심혼이다.

아주 습관적으로 '우측 주행적rechtsläufige', 즉 소모해가는 생명 과정은 두 가지 심혼이 지성적 요인과 동물적 요인으로 나뉘어 서로 떨어져나오는 과정이고, 이때 아니마는 둔감한 의지가 되어 정열에 의해 길을 잘못 들게 되고, 아니무스는 지성으로 그 수행을 강요받는 경우에 이르고 만다. 그 과정은 외부에 주로 적용되고, 그것으로 인하여 아니무스와 아니마의 힘들이 서로 흩어져버리게 되어, 생명은 소모되고 만다. 긍정적인 결과로서는 새로운 존재의 생산이 일어나게 되는데, 여기에서 생명이 계속된다. 한편으로 근원적 본성은 '양도'되고, 마침내 "물物에서 물物로 되었다"고 하는 것이다. 그 종착점은 죽음이다. 아니마는 가라앉고 아니무스가 상승하게 되면, 자아는 이제 힘을 빼앗겨버림으로써 불확실한 상태에 머무르게 된다. 자아가 그 '양도'를 받아들이면, 무게감이 주어져서 죽음의 둔감한 고난에 잠겨든다. 옹색하게 생명의 혼란된 심상에 더 가까이 다가가게 되는데, 자아는 그에 전혀 관여하지 않아도 점점 더 그렇게 이끌리게 된다(이것이 지옥, 배고픈 영혼들이다). 그에 반해 자아가 '양도'에도 불구하고 상승하려고 노력한다면, 유가족의 희생제의의 힘이 자아를 강화시키는데 힘입어 어느 시간 동안 그에 따른 지복한 생명을 유지할 수는 있다. 이 때도 각기 자신의 공덕에 따라 등급이 나뉜다. 이 두 경우에 개인적인 것은 점차 뒤로 물러나고, 양도에 상응하는 퇴화에 이르게 된다: 자아는 전혀 힘을 발휘하지 못하는 체계가 되어버린다. 그에게 생명의 힘들은 손실되고 그의 운명은 마감하고 만다. 자아는 이제 천상 혹은 지옥에서 살면서 자신의 선행과 악행의 열매를 맛보게 되는데, 이런 것은 전혀 외적인 것이 아니라 순전히 내적 상태들에 해당한다. 이런 상태들에 침잠하면 할수록 자아는 퇴화에 이르고, 마침내 그것은—언제나 그런 식으로—현존재의 영역에서도 벗어나게 되어, 그 안에 내포되어 있는 심상들이 모반을 일으킨다. 그런 심상들에서 벗어나면, 새로운 모성인 자궁으로 들어감으로써 새로운 현존재로 시작하게 된다. 이런 모든 상태는 데몬, 유령, 사자, 철수된 혼령 등의 상태에 해당하는데, 중국적으로 귀鬼라고 한다(흔히 유럽에서는 잘못 번역하여 악마Teufel라고 한다).

그에 반하여 자아가 삶의 기간 동안 '역주행적rückläufige', 즉 생명력의 상
승하는 움직임을 끌어내는 데 성공한다면, 즉 아니마의 힘을 아니무스에
서 비롯된 힘으로 지배하게 된다면, 외부세계의 대상으로부터 자유로워
진다. 그 외부 대상들이 인식되기는 하지만, 집착하지 않게 된다. 그럼으
로써 망상은 그 자체적 힘으로 파괴된다. 힘들은 내적으로 상승하면서 원
환주행이 된다. 자아는 세계와 연루되어 있는 상태에서 벗어나게 되고,
사후에도 살아 있게 된다. 왜냐하면 '내면화'는 생명력이 외부로 나아가
흩어지는 것을 막기 때문이며, 그래서 그것이 모나드Monade의 내적 원환
운동을 일으켜 생명의 중심中心을 생성하게 한다. 이 생명의 중심은 육체
적 실존과는 독립적으로 존재하게 된다. 바로 이러한 자아는 신神, Gott,
Deus이다. 神신이라는 글자는 '뻗어나가다伸'와 '작용하다示'라는 의미를
가지므로 귀鬼와는 반대의 의미이다. 이 글자의 더 오래된 문자 표기는 이
중 곡선 무늬의 나선으로 표현되어 있다. 이것은 천둥, 번개, 정전기적 자
극을 의미한다. 그러한 신적 존재는 내면의 원환운동이 진행되는 한 계속
지속될 수 있다. 그것은 비가시적인 것에서 비롯되지만 인류에 영향을 미
치고 위대한 사고와 고귀한 행동에 이르도록 한다. 이것이 바로, 수천 년
동안 인간성을 고무하고 발전시켜온 고대의 성자들과 현자들이다.

그러나 제한점은 남아 있다. 그들은 여전히 개인적이고, 그 때문에 시
간과 공간의 영향에 예속되어 있다. 그래서 그것들은 불사不死하지는 않는
데, 이는 천지天地가 영원하지 않은 것과 같다. 영원한 것은 오직 황금의 꽃
Goldblume이다. 그것은 내면에서 사물들과의 모든 얽혀듦을 풀어냄으로써

황금꽃의 비밀

생성된 것이다. 이 단계에 이르게 된 인간은 자신의 개인적 자아를 바꾸어놓는다. 그는 더이상 모나드에 국한되지 않고 오히려 모든 현상들의 양극적 이중성의 영향권을 관통하여 둘로 나누어지지 않는 하나das Eine, 즉 도로 되돌아간다. 여기서 불교와 도교의 차이가 드러난다. 불교에서는 세계와 마찬가지로 하나의 망상인 나를 완전히 소멸함으로써 니르바나Nirvana로의 귀환을 연결시킨다. 만약 그것이 죽음으로, 즉 생명의 중지로 설명될 수 없다면 그것은 오로지 초월적인 것이라야 할 것이다. 도교에서는 그에 반해서 한 개인의 이념, 경험의 '흔적'을 신성하게Verklärung 유지하는 상태가 되는 것이 그 목표이다. 그것은 생명과 더불어 자기 자신에게로 되돌아가는 빛인데, 우리의 텍스트에서는 황금의 꽃으로 상징화되었다. 우리는 이와 관련하여 몇 가지를 더 언급해야만 한다. 『역경』에서 다루는 팔괘 또한 우리의 텍스트에 적용되어 있다.

진괘震卦(☳)는 천둥, 즉 자극하는 것인데, 이는 대지의 심연에서 생성된 생명이다; 이것은 모든 움직임의 시작이다. 손괘巽卦(☴)는 바람, 나무, 온유한 것인데, 실제성의 힘이 이념의 형태로 흘러들어가는 것을 특징화한다. 바람이 모든 공간을 채우면서 들어오듯이, 모든 것을 관통해 들어와서 '실현'에 이르게 하는 것이다. 이괘離卦(☲)는 태양, 불, 분명한 것(보증을 하는 것)으로, 빛의 종교에서 중요한 역할을 한다. 그것은 눈에 살고 있으며 빛을 보호하는 원환을 이루고 있으며, 재탄생에 작용한다. 곤괘坤卦(☷)는 대지, 받아들이는 것으로, 두 개의 근원적 원칙 중의 하나로, 대지의 힘으로 실현되는 음의 원리이다. 대지는 경작지로서 천상의 씨앗을 자신 안에 받아들여서 형상화한다. 태괘兌卦(☱)는 호수, 연무煙霧, 쾌청한 것으로,

종결 상태이다. 그리고 음의 측면에 속하므로 가을에 해당한다. 건괘乾卦(☰)는 하늘, 창조적인 것, 강한 것으로, 양의 원리를 실현하는 것이다. 그래서 곤, 즉 수태하는 것을 임신케 한다. 감괘坎卦(☵)는 물, 심연적인 것으로 외적 구조에서 보면 이괘(☲)의 대립쌍이다. 감괘는 에로스의 영역을 나타내고, 이괘는 로고스를 나타낸다. 이괘가 태양이면 감괘는 달이 된다. 감괘와 이괘의 결혼은 밀교적 과정으로, 여기에서 아이, 즉 새로운 인간이 탄생한다. 간괘艮卦(☶)는 산, 정지하는 것으로, 외부적인 것의 정지를 통하여 내면화가 활성화되어 작용하는 명상의 심상이다. 그래서 간괘는 삶과 죽음이 서로 마주치는, 죽는 것과 되려는 것이 일어나는 곳이다.

# 『태을금화종지』의 해석

## 1. 천상적 의식天心

스승인 여조께서는 다음과 같이 말하였다: 자기 자신에 의해서 존재하는 것이 소위 진의道이다. 그 진의는 이름도 없고 형상도 없다. 그것은 하나의 본질이고, 하나의 근원적 정신이다. 본질과 생명은 인간이 눈으로 볼 수 없다. 그것은 천상의 빛 속에 보관되어 있다. 인간은 눈으로 천상의 빛을 볼 수 없고, 그것은 두 눈 안에 간직되어 있다. 나는 오늘 좀더 자세히 설명하기 위해 당신들의 동행자가 되어서, 위대한 하나das Große Eine인 황금꽃의 비밀을 알리려 한다.

위대한 하나는 그 자신에 관한 것이 더이상 있을 수 없음과 관련된 것을 의미한다. 생명의 마력이 가진 비밀은 무위無爲에 이르기 위하여 행위를 사용한다는 것이다. 우리는 결코 모든 것을 뛰어넘어서 직접 관통하려고 해서는 안 된다. 전승되어온 기본 원칙은 본성에서 작업을 구체화하는 것이라고 한다. 그렇게 해야 잘못된 길에 이르지 않는 것이다.

황금의 꽃은 빛이다. 그 빛은 어떤 색채를 가졌는가? 우리는 황금의 꽃을 비유로 취한다. 그것은 초월적이고 위대한 하나의 진정한 기운이다. 그에 대해 가르침에서는 "물에 있는 납은 단지 맛Geschmack만을 풍기고 있다"라고 표현하고 있다.

『역경』에서는 그것을 다음과 같이 말한다[1]: "하늘天은 (여성적) 하나die Eins를 통하여 물을 생산한다." 그것은 위대한 하나의 진정한 힘과도 같다. 만약 인간이 이러한 하나에 도달한다면 그는 살아나게 되고, 만약 그가 그것을 잃게 되면 죽음에 이른다. 그러나 인간은 그 기운(공기, 프라나Prana)에서 살아갈지라도 그 힘을 보지 못하는데, 이는 마치 물고기가 물에서 살지만, 물을 볼 수 없는 것과 같다. 인간은 생명의 기운Lebensluft을 갖지 못하면 죽게 된다. 이는 마치 물고기가 물이 없으면 살 수 없는 것과 같다. 그 때문에 가르침을 주는 스승들은 근원적인 것을 유지하도록 가르치고 (근원적) 하나를 잘 보존하도록 한다. 그 하나는 빛의 원환주행이고 중심의 보존이다. 만약 우리가 이 순수한 기운을 잘 보존한다면, 수명을 연장시킬 수 있다. 그런 다음 그 방법을 '고통과 배합'을 통해서 불사의 몸을 생산하는 데 적용할 수 있다.

빛의 원환주행의 작업은 전적으로 역행적 주행으로 이루어진다. 그래

---

1  이 주해는 17세기 혹은 18세기에 생겨난 것으로 추측된다.

　　　　　　　　　　　　　　　　　　　　　황금꽃의 비밀

서 우리는 생각(천상적 의식, 즉 천심天心)의 자리를 모아야 한다. 이 천심은 해와 달(두 눈) 사이에 놓여 있다.

황금의 싹에 관한 책은 다음과 같이 말한다: "발 크기 집에 있는 1인치 크기의 마당에서도 삶을 정비할 수 있다." 발 크기의 집은 곧 얼굴이다. 그 얼굴에 1인치 크기의 마당이 있다: 어찌 그것이 천심이지 않을 수 있겠는가? 사각형의 1인치 공간 한가운데 탁월함이 살고 있다. 연옥軟玉의 시市의 보라색 회당에는 최고의 허虛와 살아 있음의 신이 살고 있다. 유학자는 그것을 허의 중심虛中이라고 하였고, 불교학자는 살아 있음의 정원이라고 하였고, 도가들은 조상의 땅 혹은 황색의 땅 혹은 검은 통로(현규玄竅), 현곡玄谷이라고 하였다. 천심은 거주지에 해당하고 빛은 그 집의 주인에 해당한다.

이 때문에 빛이 원환주행을 하듯이 전체 육체의 힘도 왕좌 앞으로 소환되는 것이다. 이는 마치 신성한 왕이 중심 도시를 차지하고 자리를 잡아 기본 질서를 생산할 때 모든 도시들이 공세 지불 과제를 안고 가까이 모여든 상태, 혹은 주인이 아주 조용하고도 분명할 때 종과 시녀도 스스로 그의 명령에 잘 복종하게 되어 모두들 각자의 과업을 수행하는 것과 같다.

이런 이유 때문에 빛을 원환주행으로 끌어들일 필요가 있다; 빛이 가장 고매하고도 가장 놀라운 비밀이다. 빛은 쉽사리 움직이는 것이지만, 고정하기는 매우 어렵다. 우리가 충분히 그 빛을 주행하게 하면 그것은 차츰 결정화한다; 그것이 자연적인 정신의 몸체이다. 이렇게 결정체가 된 정신은 피안의 구천九天에서 형성된다. 그것은 하나의 상태를 의미하는데, 그에 대하여 심장의 봉인封印에 관한 책에서는 다음과 같이 말한다: "너는 고요히 아침에 날아오른다."

이러한 기본 원리의 관철에 있어서 전혀 다른 방법을 찾아야 할 필요는 없고, 순전히 그것에 생각을 집중해야만 한다. 『능엄경』[2]에서는 다음과 같이 말한다: "생각을 한데 모음으로써 날 수 있게 되어 천상에서 태어난다." 천상은 드넓은 푸른 창공이 아니라, 창조적인 거주지, 육체성이 생산된 곳이다. 만약 우리가 그렇게 계속 나아가려 한다면, 육체 밖에 완전히 자연스럽게 또다른 육체가 생겨난다.

황금의 꽃은 생명의 선약仙藥(금단金丹, 문자 그대로 황금 알약)이다. 정신적 의식의 모든 변환들은 심장에 달려 있다. 여기에는 비밀의 마력이 있다. 그것은 모든 것이 일치하는, 최고의 지성과 명증성 그리고 최고의 침잠과 안정을 필요로 하는 것이다. 이러한 최고의 지성과 이해가 없는 인간은 그 적용의 길을 발견하지 못하며, 이런 최고의 침잠과 고요를 갖고 있지 않은 인간은 그 마력을 유지하지 못한다.

이 장에서는 세계에 대한 진의道의 근원을 밝히고 있다. 천심天心은 위대한 진의의 뿌리가 되는 싹이다. 만약 우리가 완전히 고요하게 된다면 천심이 스스로 드러나게 될 것이다. 만약 감정이 살아나고 제대로 움직이게 된다면, 인간은 근원적 생명체로서 생성된다. 이러한 생명체는 태어나기 전부터 있으나, 수태 후에 참된 공간das wahre Raum에 머물러 있게 된다. 만약 한 개인이 자신의 고유한 음색을 갖고 탄생에 이르면, 성性, das Wesen과 명命, das Leben은 둘로

---

2  『능엄경楞嚴經』은 불교의 경전으로, 산스크리트어로는 『수람가마수트라Suramgama-sutra』이다.

나누어진다. 그때부터 성과 명은—최고의 고요에 이르지 않고는—다시는 서로 만나지 못하는 것이다.

이런 이유로 태극의 기도에서는 다음과 같이 말한다: 위대한 하나는 그 진리의 기운(프라나), 그 씨앗, 정신, 아니무스 및 아니마를 품고 있다. 만약 생각이 완전히 고요하게 멈추면, 우리는 천심을 보게 되고, 그래서 그 자체로 정신적 지성은 근원에 이르게 된다. 이런 성性은 물론 본질의 공간에 살고 있다. 그러나 빛의 광채는 두 눈에 살고 있다. 이 때문에 스승은 그 본질의 성에 도달하기 위하여 빛의 원환주행을 가르친다. 본질의 성은 근원적 정신이다. 그 근원적 정신은 성과 명이다. 만약 현실적인 것이 그것을 받아들이면, 그것은 근원적 기운이 된다. 그래서 위대한 진의는 바로 현재의 사물이기도 하다.

스승은 계속해서 사람들이 의식적 행위에서 무의식적 행위(무위)에 이르도록 하는 길을 소홀히 하고 있음을 염려하고 있다. 그래서 그는 말하기를: 생명의 선약이 가진 마력은 무의식적 행위에 도달하도록 의식적 행위를 사용한다. 의식적 행위는 천상의 회수Auslösung를 현상화하기 위하여 반성Reflexion을 통하여 빛을 원환주행으로 옮겨놓는 것에 주력한다. 그렇게 해서 만약 본질의 배아가 탄생되면, 그리고 그것을 녹이고 합쳐서 생명의 선약을 생성하기 위하여 우리가 제대로 된 방법을 적용한다면, 원환의 과정인 통로를 통과하게 된다; 태아가 형성되는데, 그 태아는 온기로 데우고, 기르고, 씻기고, 정화함으로써 발전하게 될 것임에 틀림이 없다. 그것은 무위의 영역으로 건너가게 된다. 이러한 몇 년간의 불지피기 기간Feuerperiode이 필요하며, 그래서 마침내 태아가 탄생된다. 껍질은 벗겨지고, 세속적 세계는 신성한 세계로 넘어간다.

이런 방법은 아주 간단하고 손쉽다. 그러나 동시에 수도 없이 변환과 변화가 일어나는 상태가 반복된다. 즉 그것은 단 한 번의 비약으로 갑자기 도달하게 되는 것이 아니다. 영생을 구하는 사람은 근원적으로 성과 명이 생겨나는 바로 그곳을 찾아야만 하는 것이다.


## 2. 근원적 정신元神과 의식적 정신識神

스승인 여조께서 말씀하시기를: 인간은 마치 하루살이처럼 하늘天과 땅地을 오고 간다. 그러나 위대한 진의에 비하면 이 하늘과 땅은 마치 기포와 그림자와 같다. 오로지 근원적 정신元神과 참된 본질眞性만이 시간과 공간을 극복한다.

배아의 힘은 덧없는 하늘과 땅처럼 퇴색하도록 되어 있으나, 근원적 정신은 대극적 구분 너머에 있다. 여기는 바로 하늘과 땅이 그들의 현존을 있게 한 근원적 지점이다. 만약 배우는 자가 이 근원적 정신을 파악하는 것을 이해한다면, 빛과 어둠이라는 두 대극을 극복하게 되고 더이상 세 개의 세계³에서 헛되게 보내지 않는다. 그러나 자신의 근본적인 대면에서 본질을 보는 자만이 그것에 도달할 수 있다.

만약 인간이 어머니의 몸 밖으로 벗어나게 될 때는 근원적 정신은 두 눈 사이에 있는 사각 공간에서 살고 있다. 그러나 의식적 정신識神은 심장 아래에 살고 있다. 이러한 더 하부의 육질의 심장은 커다란 복숭아의 형

---

3  하늘, 땅, 지옥.


황금꽃의 비밀

상이다. 그것은 폐로 둘러싸여 있고, 간으로 지지되어 있으며, 나머지 내장이 보살피고 있다. 이 심장은 외부세계와 관계가 있다. 만약 우리가 온종일 아무것도 먹지 않으면 심장은 견딜 수 없게 된다. 만약 소스라치게 놀랄 만한 소리를 들으면 심하게 두근거리게 된다. 또 화가 날 만한 소리를 들으면 심장이 막히듯 답답해진다. 죽음을 목도하면 슬퍼지고, 아름다운 것을 보면 현혹되어버리고 만다. 그렇다고 해서 머리에 위치한 천심은 조금이라도 움직였겠는가? 너희는 천심이 움직이지 않느냐고 반문할 것이다. 그래서 나는 대답한다: 어찌 그 사각 공간에 있는 본질적 사고가 움직일 수 있다고 말하는가! 만약 그렇게 움직였다면, 그것은 좋지 않다. 왜냐하면 보통의 사람들은 죽게 되면 그것이 움직이기 때문이다. 그렇게 움직이는 것은 좋지 않다. 최상은 빛이 정신의 몸체法身, Geistleib에서 안정적이 되고, 그래서 점차 자신의 생명력이 충동과 움직임을 관철시키게 되는 것이다. 그러나 그것은 수천 년 동안 알려지지 않았던 비밀이다.

하부의 심장은 강력한 권위를 가진 총사령관이다. 그는 천상의 군주를 취약하다고 얕잡아 보거나 국가 업무의 지휘를 독점한다. 그러나 만약 원래의 궁을 지키고 유지한다면, 그것은 마치 강력하고 지혜로운 군주가 왕좌에 앉아 있는 형상이 된다. 두 눈은 빛을 원환의 주행으로 가져오게 되는데, 이는 마치 온 힘으로 군주를 지지해주는 두 장관이 각기 오른쪽, 왼쪽에 자리를 잡은 듯한 형상이 된다. 그래서 만약 군주가 질서 가운데 자리잡으면, 소요를 일으키는 모든 무리는 그 명령을 반대로 수용하기 위해 창을 거꾸로 드는 것에 익숙해지게 된다.

생명의 선약에 이르는 길은 세 가지, 즉 배아의 물精水, 정신의 불神火 그리고 사유의 토양意土을 최고의 마력으로 알고 있다. 무엇이 배아의 물인가? 그것은 선천의 천상先天眞一에 속하는 것으로, 본질의 힘, 즉 에로스이다. 정신의 불은 바로 빛, 즉 로고스이다. 사유의 대지는 중심의 거주지中宮인 천심으로, 직관Intuition이다. 우리는 정신의 불을 작용하도록 하고, 사유의 대지는 기체Substanz로서, 그리고 배아의 물은 기초로서 이용한다. 보통의 인간은 생각을 통하여 육체를 생산한다. 육체는 칠척七尺의 외적 몸체를 가지고 있다. 그 육체 안에 아니마Anima, 魄가 있다. 아니마는 의식에 붙어서 작용을 한다. 의식은 생성되기 위해서 아니마에 기대어 있다. 아니마는 여성적陰이고, 의식의 기체이다. 이 의식성이 멈추지 않는다면, 세대를 계속 이어가면서 생산된다. 그래서 아니마에 형상의 변화를 준다. 기체의 변환들은 멈추지 않는다.

그 밖에 정신이 깃들어 있는 아니무스가 있다. 아니무스는 낮에는 눈에 살고, 밤에는 간에 머문다. 그래서 그는 보게 된다; 정신이 간에 머물면, 꿈을 꾸게 된다. 꿈들은 아홉 단계의 하늘九天과 아홉 단계의 땅九地을 관통하면서 이루어지는 정신의 변환들을 나타낸다. 깨어 있을 때도 어둡고 침잠하게 되는 자는 신체적 형상에 붙잡혀 있게 된 것이고, 이는 곧 아니마에 속박된 것이다. 이런 이유 때문에 빛의 원환주행을 통하여 아니무스의 집중이 효율적으로 이루어진다. 이를 통하여 정신의 보존이 이루어진다; 그것을 통하여 아니마는 아래로 내려가고 의식은 위로 올라가게 된다. 세계에서 벗어나기 위한 옛사람들의 방법은, 순수하게 창조적인 것으로 되돌아가기 위하여 어둠의 광재鑛滓를 완전히 녹이는 데 있다고 한다. 그것은 바로 아니마를 축소하고 아니무스를 충분하게 하는 것이다. 빛의 원환주행은 어두움의 최소화 및 아니마의 조절을 위한 마술적 도구이다. 또한 만약 작업이 창조적인 것으로 되돌리는 것에 방향을 잡지 않고 빛의 원환주행의 마술적 도구에 제한적으로 맞춘다면, 그 빛 자체가 바로 창조적인 것이 된다. 만약 우리가 이 방법에 따르게 된다면, 그 자체로 배아의 물精水이 풍부하게 존재하게 되어 정신의 불神火이 발생하고, 사유의 토양意土이 굳건하게 자리잡고 결정화한다. 그래서 신성한 열매가 매달리게 되는 것이다. 풍뎅이는 자신의 구슬을 굴린다. 그러면 그 구슬 안에서 생명이 생겨나는데, 이는 정신적 집중을 중단 없이 계속함으로써 이루어진 것이다. 이제 그 거름 안에서 외피를 벗어버린 태아가 생겨나는데, 바로 그곳이 천심의 거주지가 될 것이다. 만약 정신을 거기에 집중시키게 되면 어찌 하나의 몸체를 생산하지 않을 수 있겠는가?

그것이 작용하고 있는 참된 본성(생명력과 연결이 이루어진 로고스)이다. 만약 그것이 창조적인 것의 거주지에 가라앉으면, 아니마와 아니무스로 나누어지게 된다. 아니무스는 천심에 머물게 된다. 그것은 빛의 특성에 속하는 것으로, 가벼움과 순수함의 힘이다. 그것은 우리가 위대한 비어 있음太虛에서 얻게 되는 것이고, 근원적 시초에 있었던 하나의 형상에 속하는 것이다. 아니마는 어두움의 특성에 속하는 것이다. 그것은 무겁고 탁한 것의 힘이다. 그것은 육적인 심장에 고착되어 있다. 아니무스는 생명을 살리고, 아니마는 죽음을 구한다. 모든 감각적인 즐거움과 분노 및 흥분은 아니마의 작용들이다. 그것은 의식적 정신이고, 죽음 후에 피의 음식을 향유하는 것이다. 그러나 인간은 삶의 기간 동안 아주 큰 위험에 처해 있다. 그 어두운 것은 어두움으로 되돌아가려 한다. 그래서 모든 사물들은 그들의 성질에 따라 서로 끌어당긴다. 가르침을 따르는 사람들은 이 어두운 아니마를 전적으로 증류하는 것, 즉 순수한 빛陽[4]으로 변화하는 것으로 이해한다.

　이 장은 근원적 정신元神과 의식적 정신識神이 인간의 몸의 형성에서 어떤 역할을 하는지에 대해 묘사하고 있다. 스승은 다음과 같이 말한다: 인간의 생명은 마치 하루살이와 같고, 단지 근원적 정신의 참된 본성眞性만이 하늘과 땅의 원환주행에 이르고, 영겁의 운명에서 벗어나게 할 수 있다. 그 본질의 성은 무극無極에서 생겨나온 것으로 태극인 근원적 힘을 받아들인다. 그것을 통하여 태극은 하늘과 땅의 참된 본성을 그 자체로 받아들여 의식의 정신이 되었다. 태극은 아버지와 어머니의 성性을 근원적 정신으로 받아들인다. 이 근원적 정신은 의식과 앎 없이, 신체의 형성 과정을 조절할 수 있다. 의식의 정신은 매우 명백하고 영향력이 커서 끊임없이 적응하고자 한다. 그가 바로 인간 심장의 주인이다. 그가 신체 속에서 머무는 한 그것은 아니무스이다. 신체에서 벗어난 후에야 그것은 정신이 된다. 근원적 정신은 몸이 현존재로 등장하는 동안에는 전혀 태아를 형성하지 못한다. 비로소 태아에서 근원적 정신이 구체화될 수 있다. 그래야 그것이 무극에서 자유로운 하나로 결정화된다.

　탄생시에 의식적 정신은 공기의 힘을 빨아들여서, 마침내 태어난 것으로 정착하게 된다. 의식적 정신은 심장에 머문다. 이때부터 심장은 주인이 되고, 근원적 정신은 의식적 정신이 힘을 갖고 있는 한, 자신의 자리를 잃어버린다.

---

4　여기서 빛은 세계 원칙, 즉 긍정적 측면의 극으로 드러나고 있는 빛이다.

　　　　　　　　　　　　　　　　　　　　　　황금꽃의 비밀

명상 1단계 빛의 축적

근원적 정신은 평온함을 좋아하고, 의식적 정신은 움직임을 좋아한다. 움직임이 있을 때 의식적 정신은 느낌과 욕망과 연결된다. 그래서 의식적 정신은 밤낮으로 근원적 씨앗을 소모해버리는데, 근원적 정신의 기운이 완전히 소진될 때까지 그렇게 한다. 그런 다음 의식적 정신은 껍데기를 남겨둔 채 빠져나간다.

보편적 선으로 행위를 했던 사람이 죽음에 이르면, 그의 정신력은 순수하고 깨끗하다. 그래서 그는 상위의 구멍인 입과 코 쪽으로 빠져나가게 된다. 순수하고 가벼운 기운은 위로 상승하여 하늘에 이르도록 나아간다. 그래서 그는 다섯 겹의 그림자 수호령 혹은 그림자 혼령이 된다.

만약 근원적 정신이 의식적 정신에 의해 살아 있는 동안 탐욕을 위해 사용되면, 그래서 제정신이 아님, 욕망, 쾌락 및 모든 죄를 짓게 되면, 죽음의 순간에 정신력은 흐려지고 혼란해진다. 그래서 의식적 정신은 하위의 구멍인 복부의 출구로 빠져나가게 된다. 왜냐하면 정신력은 혼탁하고 불순하면 아래쪽으로 향하도록 결정화하고, 의식적 정신은 지옥으로 내려가서 악령이 되어버리기 때문이다. 그래서 근원적 정신은 자신의 특성을 잃어버리게 될 뿐 아니라, 또한 참된 본성의 힘과 지혜가 그로 인하여 거의 소멸된다. 그래서 스승은 말한다: 그것이 움직이면, 좋지 않다.

만약 근원적 정신을 보존하려면 반드시 인식하고 있는 정신을 굴복시켜야 한다. 그것을 굴복시키는 방법은 바로 빛의 원환주행을 통해서 끌어가는 것이다. 만약 우리가 빛의 원환주행을 실행하려면, 몸과 심장, 이 두 가지를 괘념치 않아야 한다. 심장이 죽어야만 정신이 살게 된다. 정신이 살면 호흡이 놀라운 방식으로 원환주행을 시작한다. 스승은 바로 이것을 최상이라고 말하는 것이다.[5] 그래서 우리는 정신을 하체(복강신경조직)에 침잠하도록 해야 한다. 그러면 정신과 더불어 기운이 되돌아오고, 정신은 그 기운과 통합하고 마침내는 결정화한다. 이것이 바로 막 시작하게 되는 방식이다.

시간이 지나면 점차 근원적 정신은 삶에 마련한 주거지에서 벗어나 본질의 기운으로 변환하게 된다. 그때에 근원적 정신을 증류하기 위해 물레바퀴를 돌리는 방법을 적용해야 한다. 그러면 근원적 정신이 생명의 선약이 될 것이다. 이것이 하나로 모아들이는 방식이다.

생명의 선약인 구슬이 완성되면 신성한 태아가 형성된다. 그러면 우리는 정신적 태아를 따뜻하게 품고 먹이는 것에 집중해야 한다. 이것이 완수하는 방식이다.

아이인 기체가 완전히 형성되면, 이제 작업은 태아를 태어나게 하여 위대한 비어 있음太虛으로 되돌리게 하는 데 주력하게 된다. 이것은 손에서 떠날 수 있게 마무리하는 방식이다.

그러나 이 작업이 그렇게까지 잘 이루어지면 모든 것이 어두운 원칙에 속하던 것에서 벗어나게 되고 육체는 순수한 빛으로 태어나게 된다. 만약 의식적 정신이 근원적 정신으로 변환하게 되면, 이제 정신은 끝없이 변환 가능하게 된다. 그래서 원환주행에서 벗어나 여섯 겹[6]의 황금의 수호령으로 옮겨간다.

---

**5**  이것은 여기서 재탄생의 4단계로 특징지어진다. 물과 정신에서의 재탄생은 허망하게 사라지는 육체에서 기체적 몸체가 생겨나는 것이다. 여기서 사도 바울과 요한의 사상과 관계있음이 드러난다.

**6**  다섯 겹의 수호령, 선한 인간이 죽음에 이르러 자신의 어두운 충동으로 변하게 된 것을 의미한다. 그 수호신은 오감의 영역에 제약을 받아 여전히 현세에 매달려 있게 된다. 다시 태어남으로써 바로 여섯번째, 즉 정신적 영역에 미치게 된다.

우리가 고귀해지기 위해 이 방법을 적용하지 않는다면 어찌 태어나고 죽는 윤회에서 벗어날 수 있겠는가?


## 3. 빛의 원환주행과 중심의 보존

스승인 여조께서는 다음과 같이 말씀하셨다: '빛의 원환주행'이라는 표현은 언제부터 나오게 되었는가? 그것은 '형식의 시작을 한 진인眞人', 즉 관윤희[7]에 의해 알려지게 되었다. 우리가 빛을 원환으로 돌리면 모든 천상과 대지의 힘, 밝음과 어두움의 힘이 결정화한다. 그것은 바로 배아의 특성을 가진 사고精思, 혹은 순수한 기운純氣이나 순수한 이념純想을 가진 것으로 표현된다. 만약 이런 마법을 적용하기 시작하면, 존재 가운데에 어떤 비존재無가 있는 것처럼 된다; 시간이 지나면서 그 작업이 완수되고, 그래서 몸 밖에 몸이 있게 되면, 이는 마치 비존재의 한가운데 존재가 있는 것과 같다. 100일의 전체 작업이 끝난 후에야 비로소 그 빛이 순수해진다. 그러면 그것은 정신의 불이 된다. 100일이 지나면 그 빛의 가운데에서 그 자체로 순수한 빛의 극의 한 점陽이 생겨난다. 그리고 나서 갑자기 배아인 구슬黍珠이 생겨난다. 그것은 마치 남녀가 합하여 수태가 이루어진 것과 같다. 그후 그것이 발현되도록 고요 속에 머물러 있어야 한다. 빛의 원환주행은 불의 시기에 이루어진다.

---

7 노자의 제자이다.


황금꽃의 비밀

근원적으로 되려 하는 존재의 가운데에 있는 빛의 빛남陽光이 결정적인 것이다. 물질세계에서 그것은 태양이고, 인간 안에서는 눈이다. 정신적 의식이 밖으로 향하게 되면 주로 확산과 분산에 이르게 된다. 그래서 황금꽃의 의미는 전적으로 역행적 방법에서 유래하는 것이다.

인간의 심장은 불의 표시로 나타낸다.[8] 그 불의 불꽃은 위쪽으로 향한다. 만약 두 눈이 세계의 사물들을 본다면 그것은 외부로 향하는 시각이 된다. 만약 그 눈을 감고 시선을 되돌려 안으로 향하게 하고 그래서 조상의 방을 본다면, 이것이 바로 역행의 방법이다. 신장의 힘은 물로 표시된다. 만약 충동을 그대로 내버려두면 아래로 향하여 흐르고, 바깥으로 방향을 잡아서 아이를 생산하게 된다. 만약 충동의 작동 순간 그것을 밖으로 흐르지 않게 하고 사유의 힘을 통해 되돌린다면 그것은 위로 향하여 창조적인 것의 도가니 안으로 유입되고, 그래서 심장과 몸을 새롭게 하고 양육하게 되어, 바로 이것으로 역행의 방법이 된다. 이 때문에 다음과 같이 표현하고 있다: 생명의 선약의 의미는 전적으로 역행의 방법에서 유래한다.

빛의 원환주행은 한 개인의 몸에 있는 배아 상태의 꽃精華의 원환주행

---

**8** 두 개의 심혼적 극은 여기서 불로 나타내는 로고스(심장, 의식)와 물로 나타내는 에로스(신장, 성욕)로서, 서로 대립해 있다. '자연적으로' 인간은 이 두 힘을 바깥으로 향하도록(지성과 자손의 생식) 활동한다. 이 때문에 그것들은 '새어나가고' 소비되어버린다. 스승은 그것을 내면으로 향하게 하고 그것들이 접촉되게 하는데, 이를 통하여 서로 수태하고, 그래서 심혼적으로 활기가 넘치고, 강력한 정신의 삶을 생산한다.

일 뿐 아니라, 바로 본질적 창조적인 형상력의 원환주행이기도 하다. 이는 순간적 망상妄想이 아니라, 모든 영겁의 윤회에서 보이는 소진을 문제 삼는 것이다. 이로써 한 번의 숨쉬기가 1년에 해당하기도 하는데, 이는 인간의 시간으로 1년인 것이고, 때로는 한 번의 숨쉬기가 100년에 해당하기도 하는데, 이는 아홉 겹의 세계가 갖는 긴 밤의 시간을 의미한다.

인간이 개별화⁹의 소리를 내기 시작하자마자, 환경에 반응하는 외부적 존재가 되어 태어난다. 그래서 그는 나이가 들 때까지 한 번도 되돌아보지 않는다. 빛의 힘은 소진되고 사라져버려, 그것은 결국 아홉 겹 어두움의 세계로 끌려가게 된다(윤회를 거듭한다). 『능엄경』¹⁰에서는 다음과 같이 표현하고 있다: "우리는 사고에 집중함으로써 날 수 있으나, 욕망에 집중함으로써 몰락하게 된다." 만약 수련하는 사람이 사고는 안 하고 욕망에 치중한다면, 가라앉음의 좁은 길로 접어들게 된다. 오로지 관조와 고요를 통해서 본질적 직관定學이 생겨난다: 이것이 역행적 방법이다.

밀교적으로 이에 해당하는 것을 다루는 책¹¹에서는 다음과 같이 말하고

---

9  自囨라는 표현을 '개별화'로 번역하였다. 이것은 '둘러싸기'의 내부에 있는 힘의 상징으로 묘사된다. 또한 그것은 모나드로 향하도록 각인된 엔텔레키Entelechie의 형식을 의미한다. 그것은 힘의 통일성의 상, 구체화로 이끄는 배아의 힘으로 감싸기이다. 그 경과는 소리(음성)와 연결된 것으로 표현되었다. 경험적으로 그 소리는 수태와 더불어 일어난다. 그때부터 계속 '발전' '외화'가 시작된다. 탄생이 개인을 의식의 삶에 드러나게 한다. 그때부터 그것은 자동적으로 진행되는데, 그 기운이 다하여 마침내 죽음에 이르도록 계속된다.

10  불교 경전 『능엄경』, 곧 『수람가마수트라』.

11  도교 경전 『음부경陰符經』.

있다: "작동시키는 것은 눈 속에 있다." 황제黃帝의 간단한 문답[12]에서는 다음과 같이 말한다: "인간의 몸에서의 배아인 꽃精華은 상부의 빈 공간에 집중되어야만 가능하다." 그것은 상황에 따른 것임을 나타낸다. 이 문장에 불사성이 담겨 있고 또한 세계의 초극超克이 담겨 있다. 이것이야말로 모든 종교가 도달하고자 하는 공동의 목표이다.

빛은 몸에만 있는 것은 아니다. 그러나 그것은 몸 밖에 있는 것도 아니다. 산과 강, 그리고 거대한 대지는 해와 달에 의해서 드러난다: 모든 것은 이 빛인 것이다. 그렇기 때문에 그것은 단지 몸에만 있는 것은 아니다. 이해력과 명석성, 인식과 깨달음 등 모든 정신의 움직임은 모두 이 빛이다. 그래서 몸 밖에 있는 어떤 것이 아니다. 하늘과 땅에서 비롯된 빛의 꽃은 수천의 공간을 모두 채운다. 그러나 또한 한 개인의 몸에서 나타나는 빛의 꽃은 천상을 통하고 대지를 덮는다. 그래서 원환주행에 있는 빛이 그렇듯이, 이 때문에 동시에 모두가 원환주행에 있는 천상과 대지, 산과 강이 된다. 인간의 몸속, 상부의 눈 속에 있는 배아의 꽃에 집중한다는 것은 인간의 몸의 위대한 열쇠이다. 그대들은 이를 생각하라! 만약 그대들이 하루라도 명상을 하지 않는다면, 이 빛이 흘러나와서 어디로 가는지 어찌 알겠는가? 그대들이 단 몇 분이라도 명상을 한다면, 이로써 수천의 영겁과 윤회를 끝내게 될 것이다. 이 모든 방법은 고요에 이르는 것이다. 우리는 이러한 놀라운 묘법을 결코 생각해낼 수 없을 것이다.

그러나 우리가 이런 작업에 열중한다면, 겉으로 드러나는 것에서 깊이

---

12 『소문素問』. 황제가 쓴 것으로, 『음부경』보다 더 후기의 도교 경전이다.

로, 거친 상태에서 섬세함으로 나아가게 된다. 모든 것은 멈춤이 없이 계속되는 것에 달려 있다. 작업의 시작과 끝은 하나가 될 것이다. 그 사이에는 더 차가워지거나 더 뜨거워지는 순간들이 있다. 그것은 당연한 일이다. 그러나 그 목표는 천상의 넓이와 대양의 깊이에 이르는 것이다. 모든 방법은 너무도 손쉽고 자연스러워서 비로소 모든 것이 손안에 있는 것처럼 된다.

성인들은 모두 관조(되돌려 비추기反照) 없이는 불가능하다고 가르쳐왔다. 공자는 '인식을 목적에 이르게 하기致知'라고 하였다. 석가는 '본심을 살피기觀心'라고 하였고, 노자는 '내적으로 살피기內觀'라고 하였는데, 이 모두는 같은 것이다.

그러나 되돌려 비추는 것反照에 대해 많은 사람이 언급했는데, 정말 그것이 무엇을 의미하는지 모른다면 아무것도 얻을 것이 없게 된다. 되돌려 비추는 것에 의하여 반대로 되돌려져야 하는 것은 자기 의식적 심장心인데, 심장은 정신이 아직 형상화에 이르기 전의 바로 그 지점으로 향하도록 방향을 정하는 것이다. 여섯 자 키의 우리 내부에서 천상과 대지의 바탕이 되기 이전의 형상을 구하려 해야 한다. 만약 오늘날 사람들이 명상을 한다고 한두 시간 앉아서 단지 자신의 개인적 자아Ich만 지켜보면서 이를 관조 혹은 반조라고 한다면, 거기서 무엇인가 일어날 수 있겠는가?

불교와 도교의 두 저술가는 우리에게 코끝을 집중해볼 것을 가르치고 있다. 그것은 코끝에 생각을 묶어두라는 의미는 아니다. 그렇다고 눈이 코끝을 지켜보는 동안에 생각은 황색의 중심中黃에 집중하라는 의미도 아니다. 결국 눈이 향해야 할 곳은 심장이다. 어떻게 위로는 황색의 중심을, 아래로는 코끝을 동시에 집중했다가, 다시 그 반대로 했다가 할 수 있겠

황금꽃의 비밀

는가? 이것은 손가락으로 달을 가리키는데, 그 손을 달로 착각하는 것과도 같다.

그러면 도대체 그것은 무엇을 의미하는가? 코끝이라는 단어는 아주 지혜롭게 선택된 것이다. 코는 눈에게 기준이 된다고 하겠다. 만약 우리가 코로 방향을 잡지 않으면 눈이 지나치게 열리거나 너무 멀리 보게 된다. 그래서 코를 보지 않게 되거나 혹은 눈꺼풀이 너무 내려오고, 그래서 눈이 감겨서 코를 볼 수 없게 되고 만다. 만약 눈이 너무 넓게 열리면, 밖으로 시선을 던지는 잘못된 상태가 되는데, 이로써 쉽게 흐트러진 상태에 이른다. 만약 눈을 너무 감으면 내적으로만 시선을 던지는 잘못된 상태가 되는데, 이로써 꿈꾸는 듯한 침잠 상태에 이르고 만다. 오로지 안검이 제대로 중앙 정도로 내려와야 코끝을 제대로 보게 된다. 이 때문에 사람들은 코를 기준이라고 하는 것이다. 안검을 제대로 된 방식으로 내리고, 억지로 노력하지 말고 그 빛을 저절로 방사하도록, 그래서 자체로 집중되어서 안으로 들어와 비추도록 하는 것이다. 코끝을 지켜보는 것은 내적인 집적의 시작에 불과하다. 이것은 눈을 제대로 된 시야로 향하도록 하는 것이고, 이때 기준에 맞추어 그 상태에 있게 하는 것이다. 그것은 마치 미장이가 규준이 되는 표시를 해놓은 것과 같다. 그렇게 해놓음으로써, 그는 자신의 작업을 큰 어려움 없이 그 규준에 맞추어 할 수 있게 된다.

고정을 하고 있는 관조(반조)[13]는 일종의 불교적 수행 방식인데, 이는

---

**13** 고정하는 관조의 방식止觀은 불교의 천태학파의 명상 방식이다. 그것은 호흡법과 관조를 통하여 감정의 고요 사이를 오고가는 것으로, 뒤를 이은 몇 사람이 그 방법을 넘겨받았다. '전제 조건'이란 '원인陰'과 관련하여 작용하고 있는 미망의 순환적 주행을 움직이는 상태에 이르게

밀교적 가르침이 아니라, 공공연히 전수되어온 가르침이다.

두 눈으로 코끝을 바라보는 것은 제대로 자리를 잡게 하고 마음을 편안하게 하는데, 이런 조건적 상태에서(빠른 흐름의 현상에서의 고요를 이루는 극) 마음의 중심을 잡게 한다. 도가에서는 그것을 황색의 중심中黃이라고 하고, 불교에서는 그런 상태의 중심緣中이라고 한다. 그 둘은 모두 같은 것이다. 그것은 반드시 머리의 중앙을 의미할 필요가 없다. 두 눈의 가운데에 해당하는 지점에 생각을 묶어두는 것이 관건이다. 그렇게만 한다면 자연히 이루어지게 된다. 빛은 아주 심하게 움직이는 것이다. 두 눈 가운데 지점에 생각을 묶어두면, 빛이 스스로 안으로 비춘다. 특별히 중앙에 위치한 성에 방향을 맞추게 할 필요가 없다. 이런 몇 마디에는 중요한 내용이 내포되어 있다.

'조건화가 이루어진 상태의 중심'은 매우 섬세한 표현에 해당한다. 그 중심은 언제나 있는 것이며, 모든 것은 그 안에 포함되어 있다. 그것은 전적으로 창조되려는 것의 작동과 연관된다. 그 전제 조건은 바로 출입하는 문이다. 말하자면 전제 조건을 채우는 것이 시작을 형성하는 것이다. 그러나 엄격하게 필수적인 것을 한다고 해서 계속 진행되는 것은 아니다; 이 두 가지의 의미는 매우 자연스럽게 흐르는 것이고 섬세한 것이다.

고정하는 관조는 필수불가결한 것이다. 그것은 깨달음이 확립되도록 작용한다. 세계에 관한 생각이 번쩍이면, 우리는 그저 앉아서 꼼짝하지

---

한 '주변적 세계', 즉 그 상황을 의미한다. '전제 조건의 중심'은 말 그대로 '빠른 현상의 흐름에서 고요를 이루는 극'이다.

않고 있는 것이 아니다. 오히려 어디에서 이러한 생각이 있게 되는지, 어디에서 그것이 비롯되는지, 어디에서 그것이 소멸되는지를 살펴보아야만 한다. 계속적으로 숙고를 함으로써 그 모든 작업이 끝나는 것이 아니다. 어디에서 이런 생각들이 생겨났는지에 대해 구체적으로 살펴보아야만 한다. 그렇다고 이때 생성 지점을 벗어나서 찾아서는 안 된다. 심장心을 찾는 것(의식을 가지고 의식의 배후에 이르는 것)은 성공적으로 되지는 않을 것이다. 우리는 서로 마음의 상태를 고요하게 만들려 한다. 그것이 제대로 된 관조(관상)이다. 이에 맞지 않는 것은 잘못된 관조이다. 그것은 결코 목표로 인도하지 않는다. 생각이 재빨리 일어나고 있는 것을 멈추어서 관조하도록 해야 한다. 관조하여 다시 고정하도록 해야 한다. 이것이 깨달음의 확립에 필요한 두 가지 태도이다. 즉 그것은 빛의 원환주행이고, 그 원환주행을 계속 유지하기 위한 고정이다. 빛이야말로 관조이다. 관조 없는 고정은 빛이 없이 이루어지는 원환주행이다. 고정 없이 이루어지는 관조는 원환주행 없는 빛일 뿐이다. 잘 알아차려야 할 것이다.

이 장의 요지는 빛의 원환주행에서 중심의 보존이 중요하다는 것이다. 앞 장에서 근원적 정신이 주인이 되면 인간의 몸이 가장 가치 있는 자산이라는 사실을 다루었다. 만약 인간의 몸이 의식적 정신에 의해 이용되면, 근원적 정신은 낮과 밤으로 분산되고 소모되어버리고 만다. 만약 그 정신이 완전히 소모되어버리면 몸은 죽는 것이다. 그래서 이제 의식적 정신을 버리고 근원적 정신을 보존하는 방식을 묘사했던 것이다: 빛이 원환주행을 시작하도록 하지 않으면 불가능한 작업이 된다. 그것은 마치 우리가 화려한 집을 지으려 한다면 우선 가장 훌륭한 기초를 마련해야 하는 것과 같다. 그 기초가 마련되면 비로소 제대로 된 작업에 집중할 수 있으므로, 울타리의 기초를 깊고 튼튼하게 마련하고, 기둥과 벽을 세울 수 있다. 만약 이런 방식으로 기초를 설정하지 않으면 어떻게 집이 제대로 지어질 수 있겠는가? 생명을 돌보는 방법도 마찬가지다. 빛의 원환주행은 건물의 기초를 마련하는 일에 비교할 만한 것이다. 기초가 제대로 마련되면 그 기초에서 쉽고 빠르게 집을 지을 수 있다; 정신의 불을 갖추고 황색의 중심中黃을 지키는 것, 바로 이것이 집 짓기의 작업이다. 그래서 스승들은 어떻게 생명을 돌보는지 방법을 가르쳤는데, 그것은 안검을 내린 두 눈을 코끝에 고정하여 바라보도록 하여 내면을 바라보고, 제대로 직립한 자세로 몸을 조용히 앉히고, 그 조건화된 상태의 중심에다 심장心을 고정시키는 것이라고 한다.

두 눈 사이에 있는 자리에 생각을 고정시키는 것은, 빛이 뚫고 들어오도록 만드는 것이다. 그렇게 됨으로써 정신은 정제화되고 조건화된 상태의 중심에 자리를 잡게 된다. 조건화된 상태의 중심은 하부에 있는 선약의 영역, 즉 태양신경총 기운의 장소가 된다.

스승은 그런 것들을 비밀스럽게 가르치면서 다음과 같이 말하였다: 작업을 시작할 때 조용한 방에 앉아 있어야 한다. 몸은 마치 건조시킨 나무와 같고, 심장은 불기 없이 식은 재와 같다. 두 안검을 내리고, 내면을 바라보면서 심장을 정화하고 생각을 가다듬고, 쾌락을 끊어내고 배아를 보존한다. 매일 가부좌를 하고 앉아 명상을 해야 한다. 그러면 안광Augenlicht이 계속 있게 되고 귀의 청력이 더욱 분명해지고 혀의 미각은 감소한다. 즉 그 혀는 상부의 입천장에 붙게 되어야만 한다; 코의 숨은 리듬감 있게 되고, 검은 문玄門에 생각을 고정하

　　　　　　　　　　　　　　　　　　황금꽃의 비밀

는 것이다. 숨이 리듬감 있게 되지 않으면, 멈춤으로 인해 숨쉬기 어려운 위험한 상태에 이르게 된다. 눈을 감을 때 방향을 잡는 척도로서 코의 한 점에 향하도록 해야 한다. 그 한 점은 시선의 교차 지점 아래쪽 코의 돌기 부분으로, 손마디의 반이 조금 못 되는 지점이다. 그러고 나서 모든 생각을 한데 모으고, 귀에 숨쉬는 소리가 고르게 들려오도록 하여, 몸과 마음心을 편안하고 조화롭게 하는 것이다. 눈의 빛은 조용하고 길게 드리워야 하는데, 이때 졸음이나 산만함이 없도록 안으로 들어와야 한다. 눈은 밖을 내다보지 않으며, 안검을 내리고 내면으로 향하게 하여 내면을 밝혀야 한다. 빛은 바로 이 공간을 밝히는 것이다. 입은 말하지도 웃지도 않는다. 입술을 닫고 내면으로 숨을 쉰다. 숨은 바로 이곳에 머물러 있다. 코는 냄새를 맡지 않는다. 후각은 바로 이곳에만 머문다. 귀는 밖의 소리를 듣지 않는다. 청각은 이곳에만 머문다. 심장 전체는 내면을 지킨다. 그의 지킴은 바로 이 장소에 국한된다. 생각은 밖으로 향하지 않는다. 참된 생각은 그 자체로 지속성을 갖는다. 생각이 지속적으로 유지되면 그 배아도 지속적으로 유지된다; 배아가 지속적으로 유지되면, 기운도 지속적으로 유지된다; 그 기운이 유지되면, 정신도 계속 유지된다. 정신은 생각이고, 생각은 심장이고, 심장은 불이고, 불은 선약Elixier이다. 만약 내면을 들여다본다면, 천상의 문이 열리고 닫히는 기적이 멈추지 않게 될 것이다. 그러나 숨 고르기가 이루어지지 않으면 그 내밀한 비밀을 작동시킬 수 없다.

만약 수행을 시작하여 자신의 생각을 두 눈 사이에 고정할 수 없다면, 그래서 눈이 닫히게 되면, 심장의 힘(기운)은 힘(기운)으로 이루어진 공간의 지켜보기에 이르지 못하고 만다. 이는 어쩌면 숨이 너무 거칠고 잦은 상태가 되어서 다른 나쁜 것들이 생겨났기 때문일 것이다. 왜냐하면 몸과 심장은 언제나 솟아오르는 기운과 열기가 어린 숨을 강압적으로 억누르는 데 주력하기 때문이다.

만약 생각을 오로지 두 눈에 고정하더라도 정신을 태양신경총에서(전제 조건의 중심에서) 결정화하지 않는다면, 그것은 외부의 공공장소로 나아가는 것과 같아서 여전히 내면의 공간으로 들어오지 못하게 된다. 그래서 정신의 불은 생성되지 않고, 그 기운은 차갑게 식은 채 있으며, 진짜 결실을 얻기 어렵게 된다.

그래서 스승은 끊임없이 코에다 생각을 고정하라고 하지만, 사실 기운을 채우고 있는 공간에 대한 표상을 붙드는 것임을 모르고 있을까 우려하여, 경험을 키우라고 말하는 것이다; 그래서 스승은 미장이가 규준을 이용하는 것과 같은 것이 필요하다고 말한다. 미장이는 자신이 세우는 담이 제대로 수직이 되었는지 기울었는지 알아보기 위하여 규준을 이용한다. 이를 위해 먹줄이 지침으로 쓰인다; 그렇게 하여 방향을 잘 잡았으면 그때서야 미장이는 일을 시작할 수 있다. 그러나 그는 담을 세우기 위하여 일하지 그 규준 자체를 위해 일하는 것은 아니다. 이것은 분명한 사실이다. 이런 면에서, 결국 두 눈 사이에 생각을 고정하는 것은 마치 미장이가 규준을 이용하는 것과 같은 의미만을 갖는 것이다. 스승은 거듭 그에 관해 강조하였다. 왜냐하면 사람들이 그의 그런 강조점을 이해하지 못할까 염려했기 때문이다. 제자들이 착수하는 방법을 이해한다고 하더라도, 그들이 그 작업을 제대로 진행하지 못하고 중단하게 될까 봐서 다시 강조한다: "100일 동안 꾸준하게 작업하면 비로소 빛이 순수해진다; 그러면 그 작업에 정신의 불이 함께하게 된다." 말하자면 앞선 것들이 잘 진행되면 100일 후에 순수한 창조적 빛의 한 점陽이 그 자체로 밝게 드러난다는 것이다. 제자들은 그것을 구해야 한다.

황금꽃의 비밀

## 4. 빛의 원환주행과 호흡 고르기

스승인 여조께서는 다음과 같이 말씀하셨다: 잘 집중된 심장으로 결단력 있게 수행하면서 결과에 집착하지 않는다면, 그 결과는 저절로 찾아온다. 첫번째 시도를 하는 동안에 두 가지의 잘못된 길이 있을 수 있다: 태만Trägheit, 昏沈과 산만함Zerstreutheit, 散亂이다. 그에 대해 시정을 하도록 해야 한다: 심장이 호흡으로 제대로 누그러지지 않아서 그렇게 된 것이다. 호흡은 심장에서 비롯된다.[14] 심장에서 생산된 것은 다름아닌 호흡이다. 심장이 움직이면, 호흡력이 생겨난다. 호흡력은 원래 심장의 활동이 변환된 것이다. 우리의 표상들이 빨리 지나가게 되면 부지중에 호흡에 동반되는 환상들妄念이 생겨난다. 왜냐하면 이런 들숨과 날숨은 그 소리들의 잔영이 함께하기 때문이다. 우리는 매일 셀 수 없이 많은 호흡을 하므로, 동시에 셀 수 없이 많은 환상들을 갖는 것이다. 그래서 정신의 청명함이 사라지는데, 마치 나무가 열기로 인해 바싹 마르고 재가 되어버리는 것과 같다.

어떻게 표상이 없을 수 있겠는가? 우리는 표상 없이는 존재할 수 없을 것이다. 어떻게 숨을 안 쉴 수 있겠는가? 우리는 호흡하지 않고 존재할 수 없다. 최상의 방책은 병에서 그 치료제를 만드는 것이다. 그래서 심장과 호흡을 서로 연결시켜서 빛의 원환주행을 호흡의 고르기와 통일하도록

---

**14** 호흡을 뜻하는 한자 息(식)은 자기 자신을 뜻하는 自(자)와 심장, 즉 의식을 뜻하는 心(심)이 함께한다. 그래서 "심장에서 비롯된다" "심장에서 시작한다"고 할 수 있으며, 또한 "심장이 자신의 자리를 지키는", 즉 고요Ruhe를 나타낸다.

圖形現兒嬰

比時丹熟更須慈母惜嬰兒

氣穴法名無盡歲
歲包於寂寂包空
我問空中誰氏子
龜云是你主人翁

行住坐卧
抱議守雌
綿綿若存
念茲在茲

夫嬰兒之真
孕姙於之千
傳其情交媾
待混其氣胡
其神隨如大
小熙得其真

潛龍今已化飛龍
變現神通不可窮
一朝跳出珠光外
渾身直到紫微宮

神水溶液
沉滯很休
内外無塵
長養聖胎

他日雲飛方見真人朝上帝

명상 2단계  기운이 모인 영역에서 새로운 탄생이 이루어짐

해야만 한다. 그렇게 하기 위해서 무엇보다 귀의 빛耳光이 필요하다. 빛에는 눈의 빛目光과 귀의 빛이 있다. 외부에서 태양과 달의 합치에 의한 빛은 순간적이다. 내부에서 귀의 빛은 태양과 달의 합치로 이루어진 씨앗이 된다. 씨앗은 결정체가 된 형식으로 나타난 빛을 의미한다. 그 둘은 같은 근원을 갖지만 이름에 의해 서로 구분된다. 그 때문에 이해(귀)와 명료함(눈)은 하나이자 똑같이 작용하는 빛이다.

고요히 앉아 있는 동안 규준을 제대로 지키기 위하여 안검을 내리고 눈을 이용하여 빛이 아래로 향하도록 차단한다. 그러나 아래쪽으로 차단하는 데 성공하지 못한다면, 심장이 호흡의 소리를 듣도록 해야 한다. 들숨과 날숨을 귀로 들을 수 있게 호흡하면 안 된다. 귀는 숨소리가 없음을 들을 뿐이어야 한다. 숨소리가 있다면, 숨은 거칠고, 표면적으로만 들락거리고, 빈 곳으로 전혀 들어오지 않는다. 그러므로 심장을 가볍고 자그마하게 만들어야 한다. 심장을 해방시킬수록 심장은 더 자그마해지고, 그럴수록 조용해진다. 한번 심장이 그렇게 아주 미약하게 움직이게 되면, 마침내 심장은 멈추게 된다. 그러면 호흡이 형상에 이르게 되고, 심장의 형상이 의식화하게 된다. 만약 심장이 아주 부드럽게 되면 호흡도 부드러워진다; 왜냐하면 매번의 심장의 움직임은 호흡력을 작동시키기 때문이다. 만약 호흡이 부드러우면, 심장도 부드럽다; 왜냐하면 호흡력의 움직임은 심장에 작용하기 때문이다. 심장을 고정하기 위하여 우선은 호흡력을 돌보는 데 주력해야 한다. 심장에서 바로 작용하도록 할 수가 없으므로, 호흡력을 조절할 수 있는 손잡이로 보고 그것을 유지하는 것이다. 이것을 잘 집중된 호흡력의 보존이라고 부른다.

그대들은 움직임의 본질을 이해하는가? 움직임은 외부의 수단에 의해 일어나게 된다. 그것은 절제節制의 또다른 이름을 의미한다. 사람들은 단순히 마구 달림으로써 심장을 움직이게 한다. 잘 집중된 고요함을 통하여 심장을 조용하게 만들 수 있어야 하지 않겠는가? 심장과 호흡력이 서로 영향을 미친다는 것을 알고 있는 위대한 성인들은 후세를 돕기 위하여 더 쉬운 방법을 생각해내었다.

선약의 책[15]에서는 다음과 같이 말한다: "암탉은 언제나 품고 있는 알의 심장을 듣기 때문에 알을 부화시킬 수 있다." 이것은 아주 중요한 주문이다. 암탉이 알을 품을 수 있는 이유는 따뜻한 기운이 있기 때문이다. 따뜻한 기운은 껍질만 데우는 것이지, 내면까지 침투하지는 않는다. 이 때문에 닭은 심장을 통해 그 기운을 내면으로 인도하려 한다. 닭은 그것을 청력을 통하여 실시한다. 그 때문에 닭은 자신의 온 신경을 심장에 집중한다. 만약 심장에 침투되면, 그 힘도 관통하게 되고, 그래서 어린 것은 따뜻한 기운을 받아서 살아나게 된다. 이런 이유 때문에 암탉은 종종 자신이 품던 알을 떠나지만, 언제나 몸짓은 잔뜩 귀를 기울인 채로 있다: 정신의 집중은 그렇게 전혀 멈춤 없음을 경험하는 것이다. 정신의 집중은 멈추지 않고 계속되는 것이고, 그래서 따뜻한 기운이 밤낮으로 멈추지 않고 계속되어야 정신이 소생한다. 정신의 깨어남은 심장이 멈추기 때문에 비로소 작동하게 된다. 인간이 자신의 심장을 죽도록 내버려둘 수 있다면, 근원적 정신은 소생한다. 여기서 심장이 죽는다는 것은 말라비틀어지

---

**15** 황금의 선약을 다루는 종파의 비서秘書이다.

거나 열에 타 죽는다는 것이 아니라, 그것이 나누어지지 않고 온전히 모여서 하나가 되는 것을 의미한다.

부처님이 말씀하셨다: "만약 너의 심장(마음)을 한 점에 붙들어둔다면 너에게 어떤 것도 불가능하지 않을 것이다 置心一處 無事不辦." 심장은 너무도 쉽게 달아나므로 호흡력으로 함께 모아야 한다. 호흡력은 쉽게 거칠어지므로, 심장으로 부드럽게 만들어야 한다. 만약 그렇게 된다면 그것이 거기서 나타날 것이므로, 어찌 고정되지 않을 수 있겠는가?

두 개의 잘못된 길인 태만과 산만함은 조용한 작업을 통하여, 즉 중단하지 않고 매일 꾸준히 정진하는 작업을 통하여 극복된다; 그러면 결과가 저절로 나타난다. 명상 상태로 앉아 있지 않으면 자신도 모르게 종종 산만해져버린다. 산만함을 의식화하는 것은 그것을 없애는 중요한 기제가 된다. 태만을 의식하고 있는 것과 의식하지 않는 것은 서로 수천 마일 떨어져 있는 것만큼이나 다르다. 무의적 상태의 태만은 실제적 태만이고, 의식적 상태의 태만은 전적으로 태만이 아니다. 왜냐하면 거기에는 어떤 청명함이 내재하고 있기 때문이다. 산만함은 정신이 여기저기 떠도는 것에서 비롯된 것이라면, 태만은 정신이 아직 순수하게 되지 않은 데에서 비롯된다. 산만함은 태만보다 훨씬 쉽게 개선할 수 있다. 물론 그것도 어떤 병에서 보이는 것과 같다; 우리가 아프거나 가려움을 느끼다면, 이는 약으로 다스려야 하는 병에 해당한다. 태만도 하나의 질병과 같다고 하겠으나, 그것은 느끼지 못하는 병과 관련된다. 산만함은 모으게 하고, 혼란스러운 것은 정돈할 수 있게 한다. 그러나 태만과 깊이 가라앉음은 무감각하고 어둡다. 산만함과 혼란스러움은 최소한 하나의 공간을 갖고 있다.

그러나 태만과 깊이 잠겨 있음은 아니마魄만이 홀로 활동중임을 의미한다. 산만성에는 아니무스魂가 있으나, 태만에서는 순전히 어두움만이 지배적이 된다. 명상 동안에 잠이 든다면, 그것은 바로 태만의 작용이라고 하겠다. 태만을 막는 데는 호흡만이 유일하게 효과적이다. 코와 입을 통하여 들어갔다 나갔다 하는 호흡은 참된 호흡이 아니다. 참된 호흡이 들어갔다 나갔다 하는 것이 성공의 비결이 된다.

앉아 있는 동안 가능한 한 심장을 조용히 유지하고 기운을 모으도록 해야 한다. 그렇다면 어떻게 심장을 조용히 할 수 있는가? 호흡을 통해서이다. 고요한 들숨과 날숨의 호흡은 심장을 의식적이게 하는 것이므로, 귀로 그 소리를 듣게 해서는 안 된다. 만약 그 호흡 소리를 듣지 못한다면 그 호흡은 부드러운 것이고, 그것이 부드러우면 그것은 순수한 것이다. 만약 그 호흡 소리를 듣게 된다면 호흡력은 거친 것이고, 그것이 거칠면, 그것은 흐린 것이고, 그것이 흐리면 태만과 깊이 가라앉음이 생겨나서 잠이 들게 된다. 그것은 저절로 그렇게 될 것이다.

그러나 심장이 호흡에 올바르게 사용되는 것, 이것이 이해되어야 한다. 그것은 사용 없는 사용에 해당한다. 단지 아주 나지막이 듣는 중 빛이 비추도록 하는 것이다. 이 문에는 아주 비밀스러운 의미가 내포되어 있다. 도대체 빛이 비추도록 한다는 것이 무엇인가? 그것은 눈의 빛目光의 방사를 의미하는 것이다. 눈은 이제 안으로만 향하고 밖으로 향하지 않는다. 밖을 향하여 보지 않으면서, 밝음을 감지하게 된다. 말하자면 내면을 바라보게 된다는 것이다; 그러나 그것은 실제적으로 내향의 보기를 문제삼는 것은 아니다. 듣는다는 것은 무엇을 의미하는가? 그것은 귀의 빛耳光의

듣기이다. 귀는 내면으로만 귀를 기울이지 외부로 향하여 귀를 기울이지 않는다. 외부로 귀를 기울이지 않는 것은 밝음을 감지하는 것이 된다. 그 것은 내면으로 귀를 기울이는 것이다; 그러나 그것은 실제로 내면에 귀를 기울이는 것이 아니다. 이런 듣기에서 듣는다는 것은 소리가 거기에 없음 을 의미한다; 이러한 바라보기 역시 형상이 거기 없음에도 보는 것을 의 미한다. 만약 눈이 외부를 바라보지 않고, 외부에 귀를 기울이지 않는다 면, 그것들은 모두 내면을 향하여 바라보고, 내면으로 침잠하게 될 것이 다. 단지 내면으로만 살피고 귀를 기울인다면, 기관은 밖으로 내달리지 않고 또한 내면으로 잠겨들지도 않는다. 이런 방식으로 태만과 깊이 가라 앉음을 없애게 된다. 이것은 태양과 달에 관한 배아와 빛의 결합日月交精交光 이라고 한다.

만약 태만에 의해서 졸음이 오면 일어나서 왔다갔다 거닐어본다. 정신 이 맑아지면 다시 앉아 정진한다. 아침에 시간을 내어 한 자루의 향초를 다 태우도록 앉아 있는 것, 이것이야말로 최상이다. 오후에는 여러 일상 적 업무가 방해를 한다. 그래서 쉽게 태만에 빠지게 된다. 그러니 향초를 켜고 자리를 지킬 필요는 없을 것이다. 다만 모든 얽힘을 옆에다 두고 일 정한 시간 동안 조용히 앉아 있는 것만으로 충분하다. 시간이 지나면서 태만 상태에 빠지거나 잠이 들지 않는다면 비로소 정진에 성공하게 된다.

이 장의 요지는, 빛의 원환주행을 위해 해야 할 가장 중요한 것은 호흡 고르 기라는 점이다. 이 작업에 진척이 있으면 있을수록 가르침도 심화된다. 제자 들은 빛의 원환주행에서 심장과 호흡이 서로 연결되도록 해야 한다. 이는 태만과 산만함의 어려움을 제거하기 위해서이다. 스승은, 초보자들이 앉아 있는 동안 안검이 내려가면 혼란스러운 환상들이 생기게 되고, 이로써 심장이 내달리기 시작하여 제대로 조정하기 어려워진다는 점을 걱정하였다. 그 때문에 그는 호흡을 세고, 심장의 생각을 고정하는 작용을 가르쳤는데, 이는 정신력이 밖으로 내달리는 것을 막아보기 위해서였다.

심장에서 호흡이 생기기 때문에, 고르지 않은 호흡은 심장의 불안정에서 기인한다. 그래서 들숨과 날숨을 전적으로 부드럽게 해야 한다. 그것이 귀에 들리지 않게 되어야 하고, 심장은 완전히 조용하게 하여 호흡을 셀 수 있을 정도가 되어야 한다. 만약 심장이 호흡하기의 수를 잊어버린다면, 그것은 심장이 밖으로 내달린다는 표시가 된다. 따라서 심장을 붙들고 유지해야만 한다. 만약 귀가 주의 깊게 듣지 않거나 눈이 콧마루를 주시하지 않으면, 심장이 밖을 향해 달리거나 잠에 이르게 된다. 이는 혼란함과 깊이 가라앉음의 상태로 넘어가게 되는 것이므로, 씨앗의 정신을 제대로 살펴야 할 필요가 있음을 나타내는 표시가 된다. 안검을 내리고 코를 향하고, 입을 완전히 닫지 않고 이를 완전히 다물지 않으면 심장이 밖을 향해 서둘러 달아나는 일이 너무도 쉽게 일어난다; 그렇다면 얼른 입술을 닫고 이를 제대로 다물어야만 한다. 오감은 심장으로 향하고 정신은 호흡력을 보조적으로 잘 활용하여, 심장과 호흡이 서로 조화를 이뤄야 한다. 이런 방식으로 최소한 매일 약 15분 정도의 작업을 해야 하는데, 그러면 심장과 호흡이 저절로 함께 작용하고 조화롭게 되어, 더이상 호흡의 수를 셀 필요도 없이 그 호흡은 그 자체로 고르게 된다. 이렇게 호흡이 고르게 되면 태만과 산란함의 잘못이 점차 저절로 사라지게 된다.

황금꽃의 비밀

## 5. 빛의 원환주행에서의 주의 사항

스승인 여조께서는 다음과 같이 말한다: 너희들의 작업은 점점 집약적이 되고 그래서 무르익겠지만, 그럼에도 메마른 나무가 바위 앞에 앉아 있는 것처럼 잘못될 여러 가능성이 아직도 많으니 조심해야 한다. 이에 대하여 나는 제대로 주의를 주고 싶다. 이런 잘못된 상태는 개인적으로 직접 겪음으로써 비로소 인식된다. 나는 이제 이에 대하여 자세히 설명할 것이다. 내가 제시하는 수행의 방향은 불교적 요가 수행인 선종禪宗[16]과는 구분이 된다. 왜냐하면 그것은 수행 과정의 확인으로 한 걸음 한 걸음 나아가기 때문이다. 우선적으로 잘못된 것에 대한 논의를 하고 나서, 제대로 된 것을 이야기하겠다.

정해진 것을 수행하려는 채비를 하려면 우선 모든 것을 편안하게 내버려둔 자세에서 일어나게 하도록 정성을 들여야 한다. 우리는 심장을 무리하게 쓰지 않아야 한다. 완전히 자동적으로 기운과 심장이 서로 조응하도록 애써야 한다. 그러면 비로소 조용한 상태에 이르는 데 성공한다. 조용한 상태에서 제대로 된 관계와 제대로 된 공간을 확보하는 데 주력해야 한다. 무가치한 일에 안주해서는 안 되는데, 말하자면: 텅 빔을 마음속에서 생각해서는 안 된다는 것이다. 모든 얽힘들은 옆에다 내려놓으며, 자신 있고 독립적이어야만 한다. 올바른 실행에도 생각이 동원되지 않아야 한다. 너무 무리하게 노력하면 관여할 일이 등장하게 된다. 그렇다고 전

---

**16** 참선 수행.

혀 노력을 하지 말라는 것이 아니다. 올바른 관계는 존재와 비존재의 중간을 유지하는 것이다; 만약 의도적으로 비의도성에 이르는 데 성공한다면, 그것을 알아차리게 될 것이다. 자신 있게 그리고 전혀 속임수 없이 자연스러운 방식으로 일어나게 내버려두는 것이다.

그 밖에 현란하게 수놓은 듯 펼쳐진 세계에 빠져들지 않아야 한다. 그 세계에서는 다섯 종류로 드러난 어두운 데몬五陰의 유희가 벌어진다. 이는 고정이 있은 후에도 메마른 나무토막과 죽은 재의 생각을 갖는 것이며, 거대한 대지 위에 밝은 봄의 생기인 생각이 거의 나타나지 않는 경우에 해당한다. 그로 인하여 어두움의 세계로 침잠한다. 그곳의 기운은 차고 호흡은 무거우며, 수많은 냉기와 말라죽어버린 것들의 환상이 나타난다. 만약 수행자가 그곳에서 오래 머물러 있다면 식물과 광물의 영역에 이른 게 될 것이다.

수천의 유혹들에 끌려들어가지 않도록 해야 한다. 그것이 일어나면 갑자기 모든 종류의 관련된 것들이 끊임없이 등장하는데, 그것이 지나가야 고요의 상태가 시작된다. 유혹을 중단하려 하겠지만, 그럴 수가 없다. 그래서 그에 따르게 되고, 그렇게 따르는 것이 더 쉬운 일임을 느끼게 될 것이다. 이것은 말하자면: 주인이 노예가 된 것이다. 수행자가 그런 상태에 오래 머물게 되면 망상의 욕망계에 이르게 된다.

최상의 경우는 천상에 이르는 것이고, 최악의 경우는 여우의 혼에 지배당하는 것이다.[17] 그런 여우의 혼은 아주 명성이 자자한 산속에서 바람과

---

**17** 중국의 민간적 믿음에 따르면 여우도 선악을 가꿀 수 있다; 그 여우는 인간으로 변환하는 능

달, 꽃과 열매들을 탐닉하게 하고, 산호 나무와 보석 목초들에 즐거움을 갖게 한다. 그러나 그 정신이 300년에서 500년 동안, 심하게는 약 2000년 동안 그렇게 지내게 되는데, 그의 오랜 노력들이 그렇게 다 쓰이고 나면 불안의 세계에서 다시 태어나고 만다.

이 모든 것은 잘못된 길이다. 잘못된 길임을 안다면, 잘 증명된 것을 따르면 된다.


이 장[18]의 요지는 명상을 하는 동안 잘못된 길로 접어드는 데 주의를 주려는 것이다. 이로써 기운의 공간에 이르게 하고, 환상의 동굴에 이르지 않게 하려는 것이다. 환상의 동굴은 데몬들의 세계이다. 거기서는 명상을 위해 앉아서 빛의 불꽃을 보거나 수많은 색들이 나타나는 것을 보거나 혹은 보살 Bodhisatvas을 보거나 신들을 접하고, 그와 비슷한 환상들이 생겨난다. 혹은 명상을 완전히 하지 않으면, 즉 기운과 호흡을 통일시키지 못하면 신장의 물은 상부로 올라올 수 없고 하부로 향한다. 그래서 근원적 기운은 차갑고 호흡은 무거우며, 그래서 거대한 대지의 부드러운 빛의 기운이 너무 작아지고, 그래서 공허한 환상세계에 이르고 만다. 오래 앉아 있는 동안 표상들이 무리를 지어서 일어나는데, 그것을 막아보려 하여도 잘되지 않는다; 차라리 일어나게 하는 편이 더 손쉽게 느껴질 것이다: 그러고 나면 명상을 할 수 있는 상태를

력을 갖게 된다. 여우는 그러므로 서구 신화의 자연신(데몬)에 상응한다.

**18** 이 장은 불교의 영향을 받았음이 분명하다. 여기서는 환상들에 의하여 야기되는 것, 즉 그것을 실제적인 것으로 여기고, 그것에 잘못 빠지게 되는 것을 다룬다(이는 메피스토가 그의 악마들을 동원하여 파우스트를 잠들게 하는 것과 같다).

더이상 유지할 수 없으므로 일어나서 한동안 거닐어야만 하는데, 기운과 심장이 다시 조화롭게 될 때까지 그렇게 해야 한다. 명상을 하는 동안에 일종의 의식적 직관을 가져야만 한다. 그것은 선약이 이루어지는 영역에서 기운과 호흡이 서로 일치하는 것이고, 참된 빛에 속하는 열기 같은 발현이 희미하게 시작하는 것이다: 그러면 이제야 제대로 된 공간을 발견한 것이다. 이러한 참된 공간을 발견하면 망상의 욕망계 혹은 어두운 악령의 세계에 이르는 위험에서 벗어나게 된다.


## 6. 빛의 원환주행에 이른 징후들

스승인 여조께서는 다음과 같이 말씀하셨다: 여러 가지 수행의 성공을 알리는 징후가 있다. 결코 사소한 사항들을 누려서는 안 된다. 모든 생명체를 구제하게 되는 생각을 끌어올려야 한다. 그래서 경박하고 무책임한 심장이 아니라, 말이 행위로서 증명될 수 있도록 노력하는 사람이어야 한다.

고요함이 계속 유지되는 동안 정신이 아주 커다란 청명함을 갖게 되면, 취한 상태가 되거나 새로 목욕을 한 상태가 된다. 이는 빛의 원리가 몸 전체에서 조화롭게 자리하고 있다는 표시이다; 이때 황금의 꽃이 움트기 시작한다. 계속해서 모든 개방 상태가 고요히 머물러 있으면 백색 은의 달이 천상의 가운데 자리를 잡게 된다. 그러면 거대한 대지가 빛과 밝음의 세계라는 느낌을 갖게 된다. 이것은 심장의 몸이 투명하게 되기

황금꽃의 비밀

端拱冥心圖

未到彼岸不能無法
既至彼岸又焉用法
頂中常放白毫光
癡人猶待問菩薩

元君端拱坐玄都
三疊胎仙舞八偶
沒化純陽天地合
長生門此次工夫

道照於外
宅神於內
冥心至趣
而與吉會

無心於事
無事於心
超出萬好
確然一吞

**명상 3단계** 정신의 몸체가 독립적인 존재로 분리됨 위해 개방된다는 표시이다. 또한 이것은 황금의 꽃이 피어난다는 표시이다.

계속해서 몸 전체가 단단하고 강하다고 느껴지면 더이상 폭풍이나 서리를 두려워하지 않게 된다. 다른 사람들이 좋지 않게 여기는 것들이 나에게 닥쳐오더라도, 씨앗의 정신을 흐리지는 않는다. 노란 황금은 집을 채우고, 하얀 연옥은 오를 수 있는 계단을 형성한다. 지상에서 썩어서 냄새나는 것도 참된 기운의 숨결에 닿으면 즉시 다시 살아나게 된다. 붉은 피는 이제 하얀 우유가 된다. 망가지기 쉬운 몸뚱어리는 이제 고귀한 황금이자 보석이다. 이것은 황금의 꽃이 결정체가 되었다는 표시이다.

『관경觀經』에서는 성공적인 관상에 대해 다음과 같이 말하고 있다: "태양이 대양에 잠기고 나무가 줄지어 서 있는 마법의 상들이 생겨난다日落大水 行樹法象." 태양의 하강은 혼돈(모습을 드러내기 전의 세계, 즉 예지적 세계) 속에서 기초가 마련된다는 것을 의미한다: 이것은 무극無極의 상태이다. 최상의 품질은 물처럼 순수하여 얼룩이 없는 것이다. 그것은 위대한 극의 주인이고, 진동으로 등장을 알리는 신이다(진震).[19] 동요는 형상적으로 나무木인데, 그래서 줄지어 서 있는 나무의 형상이 나타난다. 일곱 겹으로 줄지어 서 있는 나무는 일곱 개의 몸의 출구 혹은 심장의 출구에서 나오는 빛을 의미한다. 팔괘의 북서쪽은 창조적인 것, 건乾의 방향이다. 그 자리에서 한 자리 옮겨가면 심원한 것, 감坎이 있다. 태양은 거대한 바다에 잠기는데, 이것이 창조적인 것과 심원한 것의 형상인 심상이다. 심원한 것은 자정의 방향을 나타낸다(자子, 북쪽). 동지를 위해 천둥(진震)이 대지

황금꽃의 비밀

의 한가운데서 완전히 모습을 감춘 채 있다. 마침내 진震괘에 이르면 빛의 극이 다시 대지 위로 모습을 드러낸다. 이것이 바로 늘어서 있는 나무의 형상이다. 그 나머지도 같은 방식으로 추론하면 될 것이다.

두번째 단계는 이렇게 되도록 하는 기초 세우기에 해당한다. 위대한 세계는 마치 얼음처럼 반짝이는 보석의 세계이다. 빛의 반짝임은 점차 결정체가 된다. 그래서 높은 테라스有蓬臺가 생겨나고 거기에 부처가 있는 상태에 이르게 된다. 이때 황금의 존재金性가 나타난다면, 그것은 부처일 수밖에 없지 않겠는가? 왜냐하면 부처는 위대한 깨달음에 이른 황금의 신선金仙

---

**19** 『역경』과 비교하라. 천둥, 봄, 나무를 나타내는 진震괘는 동쪽에, 창조적인 것, 하늘을 나타내는 건乾괘는 북서쪽에, 심연을 타나내는 감坎괘는 북쪽에 위치한다. 아래 팔괘를 참고하라.

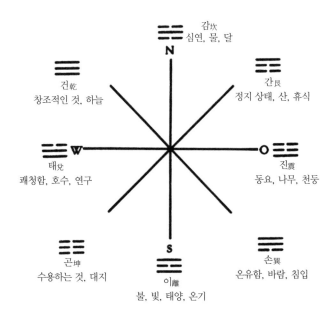

이기 때문이다. 이것이 위대한 증거가 될 경험이다.

이제 원환주행이 제대로 이루어짐을 확인할 수 있는 세 가지의 징후들이 있다. 그 첫번째, 명상의 상태에 이르게 되었을 때 신들[20]이 계곡에 있게 된다 神入谷申. 수백 보 멀리 떨어져 있는 사람이 말하는 것처럼 들리는데, 각 소리는 너무도 뚜렷하게 들린다. 그러나 그 소리는 모두 계속해서 울리는 메아리처럼 들린다. 그 소리는 언제나 들리도록 되어 있으나 평소에 우리는 그것을 결코 듣지 못하는 것이다. 이것은 계곡에 신들이 있음을 의미하는 것이다.

가끔은 다음과 같은 경험을 할 수도 있다: 고요 속에 있노라면 눈의 빛目光이 타오르기 시작한다. 그래서 무엇보다도 모든 것이 완전히 밝아지는데, 마치 구름 가운데 있는 것같이 되고 만다. 눈을 열어 자신의 몸을 찾으려 하지만, 더이상 발견할 수 없게 된다. 이를 이렇게 말한다: "텅 빈 방에서 밝게 환해진다 虛空生白." 이때는 안이든 밖이든 모두 똑같이 환해진다. 이는 매우 유력한 징후이다.

혹은 명상 상태로 앉아 있으면 몸이 완전히 비단이나 연옥처럼 반짝이게 된다. 앉아 있는 것이 무겁게 느껴졌으나 이제 위로 끌어올리는 듯 느껴진다. 이를 다음과 같이 말한다: "정신이 되돌아와서 하늘에 닿는다 神歸頂天." 시간이 지나면 실제로 날아오르는 것을 경함할 수도 있다.

이 세 가지 경험 모두가 이루어지게 하라. 그러나 모든 것을 진술한 것은 아니다. 인간의 소질에 상응하여, 다양한 것이 사람에 따라 달리 나타

---

20 『도덕경』 제6장을 참고하라.

난다. 만일 위에서 언급한 것들을 경험한다면, 좋은 기초 위에 있다는 징후가 된다. 이런 것들과 더불어 진행되면, 마치 물을 마시는 것과 같다. 물이 따뜻한지 차가운지를 저절로 깨닫게 된다. 이런 경험으로 비로소 그것이 참되다는 것을 확신하게 된다.


## 7. 빛의 원환주행의 생생한 기법

스승인 여조께서는 다음과 같이 말씀하셨다: 점차 빛의 원환주행을 작동하는 데 성공하게 되면, 이때에 평소의 직업을 저버릴 필요는 없다. 옛 성인들은 우리에게 업무가 닥치면 그것을 받아들여야 하고, 사물이 우리에게 닥치면 그것을 근본까지 인식해야 된다고 하였다. 만약 올바른 생각을 통하여 업무를 제대로 한다면, 빛은 고유한 법칙에 따라 돌게 된다. 이런 방식으로 빛의 비가시적 원환주행을 작용하도록 하라. 빛의 순수하고도 참된 원환주행 동안에는 빛이 이미 아주 뚜렷하게 드러난 상태에 있으므로, 이 경우에 해당한다.

만약 일상적 활동을 하면서도 계속해서 사물들에 대립해서 반성하여 반응할 수 있다면, 그것도 다른 사람과 나에 대한 매번의 생각을 섞지 않고 유지할 수 있다면, 그 빛은 그 상황에서 생겨난 빛의 원환주행이 된다. 이것은 가장 중요한 묘법인 것이다.

만약 이른 아침에 모든 번잡스러움을 떨쳐낼 수 있고, 두 시간에서 네 시간 동안 명상할 수 있고, 노력을 다하여 외부 사물과 떨어져 순수하게 객관적으로 반성의 방식으로 태도를 유지할 수 있다면, 그래서 중단 없이 정진할 수 있다면, 두세 달이 지나면 하늘로부터 모든 성취된 것이 내려오고, 그리고 그런 관계를 확신하게 된다.

앞선 장에서는 작업이 진척되면 이르게 되는 지복한 영역에 대해 다루었다. 이 장은 제자들에게 작업을 매일 어떻게 더 섬세하게 형상화해야 선약에 이를 수 있는지 그 방법을 가르쳐주려는 데 목적이 있다. 스승은 자신의 소시민적 직업을 포기하지 않아야 한다는 것을 언급하는데, 어찌해서 그러한가? 제자들이 쉽게 선약을 구하지 못하도록 하려는 것이라고 생각할지도 모르겠다. 알고 있는 사람이라면 그에 대해 반발할 것이다: 결코 그렇지 않다. 스승은 제자들이 아직 자신의 업보를 채우지 않은 것을 걱정하여 그렇게 이야기한 것이다. 작업이 이미 지복한 영역에 이르렀다면 심장은 마치 물의 거울과도 같게 된다. 그래서 사물이 다가와도 거울은 그 사물을 나타낼 뿐이다; 만약 그 사물이 지나가면 정신과 기운이 저절로 다시 통합하여 외부 사물에 의해 마음을 빼앗기지 않게 된다. 그것이 바로 스승이 의미하는 것이다. 스승은 다음과 같이 말한다: 매번 다른 것에 생각을 섞는 것은 자신을 완전히 포기하는 것이다. 제자가 올바른 생각으로 기운의 공간에서 고정하는 것을 제대로 하게 되면, 빛의 운행을 설정할 필요 없이 빛 스스로가 회전하게 된다. 빛이 회전하게 되면, 선약은 저절로 생성되고, 동시에 세상의 일들을 하더라도 그것은 전혀 방해받지 않는다. 명상 작업의 초기에 정신과 기운이 아직도 산만하고 혼란스럽다면 문제가 달라진다. 만약 그때 세상의 업무를 멀리할 수 없으며, 전체 기운으로 완전히 집중할 수 있는, 그래서 일상적인 일에 의한 모든 방해를 피할 수 있는 조

황금꽃의 비밀

용한 곳을 발견하지 못한다면, 어쩌면 아침에는 부지런히 수행하지만 저녁에는 태만하게 될 것이다: 제대로 된 묘법으로 나아갈 때까지 얼마 동안 이런 방식으로 지속해야 하겠는가! 이 때문에 다음과 같이 말한다: 작업을 적용하기를 시작할 때 가정의 업무는 자기 스스로 해야 한다. 만약 그것이 독자적으로 안 되면 그것을 보살필 누군가에게 넘겨야 한다. 그래야 완전한 주의력을 갖고 노력을 할 수 있기 때문이다. 그러나 그 일이 제법 진척이 있으면, 그래서 내밀한 확신이 들면, 전혀 문제가 안 된다. 이런 방식으로 자신의 업보를 모두 다 끝내기 위해서 다시 일상적인 업무를 제대로 수행한다면 더더욱 그러하다. 말하자면 이것이 빛의 원환주행의 생생한 방식이다. 오랜 옛날 자양진인紫陽眞人은 이에 대해 한마디 하였다: "자신의 변화를 세계와 섞어 가꾸면서 빛과 일치하게 한다면, 둥근 것은 둥근 대로, 모난 것은 모난 대로 그대로 있다: 그래서 사람들 사이에서도 비밀스럽게 드러낸 채 살게 될 것이다. 다른 듯하면서도 같아서 누구든 그것을 측량하기 어려울 것이다; 그래서 누구도 이러한 미묘한 비밀스런 변화를 알아차리지 못할 것이다." 빛의 원환주행의 생생한 기법은 세계와 섞여 있으면서도 빛과 일치하여 살아가는 의미를 가진다.


## 8. 자유롭게 나아가는 비법


스승인 여조께서는 다음과 같이 말씀하셨다: 응신凝神은 자유롭게 나아가는 비법을 다음과 같이 남겼다.

성스러운 사자四字는 기운이 채우고 있는 공간에서 정신을 결정체로 만든다.

여섯번째 달에 갑자기 하얀 눈이 내리는 것을 본다.

삼경 즈음에 태양면이 눈부시게 빛나는 것을 본다.

물에서 부드러운 바람, 즉 손풍巽風이 분다.

하늘에서 떠돌고 있는 무한한 수용력인 곤坤의 정신력을 먹는다.

그래서 미묘한 비밀스러움, 더 내밀한 비밀스러움玄中玄:

어디에도 없는 그 땅이야말로 진정한 고향이다……


이 시구는 매우 미묘하다. 그 의미는 다음과 같다: 위대한 의미, 즉 도道에서 가장 중요한 것은 무위이위無爲而爲라는 사자四字이다. 즉 행위하지 않음으로 행위하는 것이다. 무위(행위하지 않음)는 형상과 심상(육체성)으로 혼란스러워지는 것을 막아준다. 무위의 상태에서 행위하는 것은 고정된 공허와 죽은 허무에 빠져드는 것을 막아준다. 그 효과는 전적으로 중심의 하나에서 비롯된다. 그 효과의 발현은 두 눈에 있다. 두 눈은 전체 창조를 운행하는 거대한 수레의 끌채와 같은 것이다; 그것은 원환의 운행에서 나타나는 빛과 어둠인 두 극을 가져온다. 선약은 시작과 끝 지점에 있는 하나에서 비롯된다: 이는 물 가운데 있으나 썩지 않는 금속水中金, 즉 물의 영역에 있는 납이다. 지금까지 빛의 원환주행에 관하여 언급하였는데, 그것은 주로 외부에서 시작해서 내면에 작용하는 시초의 발현에 대해 지적했었다. 그것은 주인을 획득하는 데 도움이 되는 것이었다. 그것은 제자들에게는 첫 시작 단계에 해당하는 것이다: 그들은 더 상급의 이행 과정을 구하기 위하여 있는 더 하위의 이행 과정 두 가지를 돌보아야 한다. 일

황금꽃의 비밀

**명상 4단계**  상황이 진행되는 중에도 드러나는 중앙

런의 과정이 분명해지고, 발현이 드러나게 된 후에는 천상이 더이상 그 의미를 아끼지 않고, 오히려 모든 최고의 근본원리를 누설한다. 제자들이여, 그것을 비밀스럽게 간직하여 그대 자신들을 강화하도록 하라.

빛의 원환주행은 총체적 명칭에 해당한다. 수행 작업이 진척이 되면 될수록 황금의 꽃이 피어나는 데 더 가까워진다. 그러나 아직 원환주행의 놀라운 방법이 하나 남아 있다. 지금까지는 외부에서 안으로 작용하게 하고 중심에 머물면서 밖의 것을 지배하려 하였다. 주인의 도움을 구하기 위하여 애쓰는 시종이었다. 그러나 이제는 이 주인의 명령이 실시되어 퍼져나가는 단계가 된다. 이제 전체 관계가 역전된다. 이런 방식으로 더 섬세해진 영역에 발을 들여놓으려면 우선적으로 몸과 심장을 전적으로 자유롭고 고요할 정도로 완전히 지배하여 모든 복잡한 얽힘이 일어나게 하는 한편, 가장 가벼운 자극도 갖지 않고 중심에 제대로 천상적 심장을 머물게 한다. 그래서 두 안검을 내리고 세상의 부름을 받아 신성한 칙령을 접수했을 때와 같이 깊이 침잠한다: 이때 누가 감히 복종하지 않을 수 있겠는가? 그러면 (수행자는) 두 눈으로 인해 물의 집(감궁坎宮, ☵)에서 밝게 빛난다. 황금의 꽃이 피는 곳에 이르면, 거기에는 참된 빛眞陽이 그에 응하여 생겨난다. 이離괘(☲, 불)는 밖은 밝고 안은 어둡다; 이것은 건乾괘의 몸이다. 어두움이 들어와서 주인이 된 것이다. 따라서 심장(의식)이 사물에 의존하여 있는 상태가 되고, 바깥으로 향하게 되고, 폭풍에 의해 이리저리 휩쓸려가게 된 것이다. 만약 이제 회전하고 있는 빛이 내면을 비추면 사물에 의존하고 있는 상태가 아니며, 어둠의 힘은 고정되고 황금의 꽃이 집중되어 빛나게 된다. 빛이 감坎에 있을 뿐 아니라, 그것은 건乾의 빛이고, 그 건의 빛과 마주치게 된다. 오래지 않아 두 기체가 만나서 흩어지지 않게 결합하여 영원한 생명이 탄생한다. 그것은 근원적 기운의 집에서 왔다가는 다시 사라지고 상승하였다가는 저절로 다시 하강하게 된다. 여기서 밝음과 영원함을 알게 된다. 몸 전체는 가볍게 느껴지고 날고 싶을 정도가 된다. 그 상태에 대하여 다음과 같이 이야기한다: 구름이 수천의 산을 채운다. 점차 그것은 아주 나지막이 왔다가는 되돌아가고, 전혀 느끼지 못할 정도로 상승하였다가는 하강한다. 이것은 창조적으로 생산하고 있는 결합의 순간이며, 이에 대하여 달이 수천의 물 전체를 모은다고 한다. 이런 어두움의 한가운데서 갑자기 천상적인 것이 움직이기 시작한다. 이것은 하나의 빛—陽의 귀환으로, 이때가 바로 어린아이가 태어나는 시간이다.

그에 대해서 세세한 항목을 자세하게 설명해야만 하겠다. 어떤 것을 바라본다거나 그에 귀를 기울인다면 눈과 귀는 움직이며 사물을 뒤쫓게 되는데, 그것이 사라질 때까지 계속된다. 이런 움직임은 모두 신하들에 속하는 것이다. 만약 천상의 지배자가 수행을 하는 데 있어 그들에 따른다면, 그것은 데몬들과 함께 살고 있다고 말한다.

매번의 움직임에서 고요한 상태를 유지하여 데몬들과 함께하지 않는다면, 천상의 지배자는 바로 참된 인간眞人이다. 만약 천상의 지배자가 움직이게 되고, 그와 함께하게 되면 그 움직임은 천상의 뿌리天根인 것이다. 만약 천상의 지배자가 고요히 있으면서, 그와 함께 고요히 머물면, 그 고요는 달의 동굴月窟인 것이다. 만약 그 지배자가 움직임과 고요함을 멈추지 않고 계속해낸다면, 그와 더불어 움직임과 고요 속에 중단 없이 계속해낸다면; 만약 그 지배자가 들숨과 날숨 중에도 상승과 하강을 하고, 그와 더불어 들숨과 날숨 중에 상승과 하강을 한다면: 사람들은 이것을 천상의 뿌리와 달의 동굴 사이를 왔다갔다한 것이라고 부른다. 만약 천상의 심장을 아직도 고요하게 지킨다면, 그 움직임은 제대로 시간이 되기 전에 이루어진 유연함에 해당하는 잘못이 된다. 만약 천상의 심장을 미리 움직이게 했다면, 그 움직임은 심장에 맞추려 함으로써, 곧 바로 완고함에 이르는 잘못이 되고 만다. 천상의 심장이 활동하듯이, 모든 심정을 모아 상부로 끌어올려 건의 집乾宮에 이르게 해야 정신의 빛이 정점을 본다; 그것이 바로 인도자이다. 이 움직임은 시간성에 상응한다. 천상의 심장天心은 건의 정상에 오르고, 거기에서 완전한 자유로움으로 펼쳐진다. 그런 다음 그것은 갑자기 내밀한 고요眞意가 되는데, 이러한 전적인 심정 상태가 재빨리 황색의 성黃庭 안으로 인도되고, 그래서 눈의 빛은 중앙에 자리잡은 황색의 신의 집中黃神室을 보게 된다.

그러고 나서 모든 욕망이 고요하게 되면, 거기에는 어떤 상념도 생기지 않는다; 내면을 향해 바라보고 있는 자는 문득 그가 바라보고 있다는 사실도 잊어버린다. 이때에는 몸과 심장이 완전히 자유롭게 놓이게 될 것이다. 모든 얽힘들은 흔적도 없이 사라져버린다. 그러고 나면 나는 어떤 곳에 나의 정신의 집과 화로神室爐鼎가 있는지 더이상 알 수 없다. 자신의 몸 뚱어리를 확인하려 하지만 그것은 성공할 수 없다. 이런 상태는 천상이 대지로 관통하는 것이고, 모든 조화가 자신의 근원(뿌리)으로 되돌아가는 때가 된다. 이것이 바로 결정체가 된 정신이 기운의 공간으로 들어가는 것이다.

그 하나는 빛의 원환주행이다. 이것이 시작되면 처음에는 여전히 산만해서 집중하려 할 것이다; 여섯의 감각들은 아직 활동하지 않는다. 그것은 고유한 근원의 돌보기와 기르기이고, 생명을 수태하기 위해서 해야 한다면 기름 채우기에 해당한다. 그런 식으로 잘되어서 집중이 성공하면, 가볍고 자유롭게 느껴지고, 더이상 노력을 기울일 필요가 없게 된다. 그것은 조상의 영이 있는 공간에서 신神을 접하는 것이고, 선천先天을 포착하는 것에 해당한다.

이 작업이 잘 진행되면 매번의 그림자와 매번의 울림은 사라지게 되고, 전적으로 고요하고도 안정하게 되어서 곧 기운의 동굴氣穴에 있는 상태가 되는데, 이곳에서는 모든 조화가 근원으로 되돌아간다. 사람이 장소를 변화시키는 것이 아니라, 그 장소가 스스로 나누어진다. 그것은 구체적인 공간이 아니므로 수천의 장소라 하더라도 모두 하나의 장소라 하겠다. 사람이 시간을 변화시키는 것이 아니라, 그 시간이 스스로 나누어진다. 이것은 측량할 수 없는 시간으로, 모두가 영원함이면서 동시에 순간이다.

심장이 최상의 고요에 이르지 못한다면, 하늘의 심장天心은 움직이지 않는다. 사람이 움직이려 하거나 움직임을 잊어버린다. 그것은 움직임 그 자체가 아니다. 그래서 다음과 같이 말한다: 만약 외부 사물에 동요되어 움직인다면, 그것은 본성性의 충동欲이 된다. 만약 외부 사물에 전혀 동요되지 않는다면, 그것은 천상의 움직임이다. 천상에 대립적으로 있는 본성은 추락할 수 있고 충동의 지배에 있게 된다. 충동은 외부 대상이 있다는 사실에서 비롯된다. 그것은 고유한 입장에서 벗어나서 내달리는 생각들이다. 그래서 움직임은 움직임으로 이끌게 된다. 그러나 표상을 전혀 하지 않는다면 올바른 표상正念들이 생겨난다. 그것은 참된 이념眞意이다. 고요 속에, 단단히 지키고 있으면 천상의 발현이 갑자기 일어나는데, 이것이야말로 의도 없이 일어난 움직임이 아니겠는가? 무위로서 행위한다無爲而爲는 것은 바로 이런 의미를 갖는 것이다.

위의 시구가 관계하고 있는 것을 살펴보면, 첫 절은 전적으로 황금꽃의 활동에서 나타난 것들이다. 그다음 두 절은 태양과 달이 서로 뒤섞여 넘어가게 되는 것을 다루고 있다. 여섯번째 달은 이離괘, 즉 불이다. 흩날리는 흰 눈은 불 가운데 있는 음효陰爻이다. 이는 곤坤으로 휘감으려는 것이다. 삼경에 이르면 감坎괘, 즉 물이다. 일양一陽은 물 가운데 있는 건乾이다. 이는 건으로 감싸려는 것이다. 어떻게 감괘를 취하고 또 그것을 채워서 되돌리는지取坎塡離의 내용을 담고 있다.

그다음 이어지는 두 줄은 위대한 수레의 채를 다루는데, 전체적으로 대극을 해소하는 상승과 하강이 있게 된다. 물은 감괘이고, 그 눈은 부드러움의 바람, 즉 손풍이다. 안광은 감坎의 집에서 빛나고 거기에서 위대한 빛의 씨앗을 다룬다. "하늘에서": 이는 건乾의 집을 의미한다. "떠돌고 있는 무한한 수용력인 곤坤의 정신력을 먹는다." 이는 정신이 기운氣에 진입하는 것을 의미한다; 마치 천상이 대지에 진입하여 관통하듯이, 그것은 불을 기르기養火 위하여 일어난다.

마지막 두 줄은 가장 내밀한 비밀을 의미하게 되는데, 이는 처음부터 끝까지 없어서는 안 될 것을 다룬다. 그것은 심장을 씻고 생각을 정화하는 것이다; 이것은 바로 목욕이다. 신성한 가르침은 시작으로서 멈춤에 관해 아는 것, 그리고 마지막으로 최고의 선에서도 멈춤을 취한다는 것이

황금꽃의 비밀

다. 그 시작은 대극을 넘어 피안에서 비롯되었고, 다시 대극을 넘어 피안에 이르게 된다.

붓다는 종교의 초석인 의식의 생산자로서, 덧없음에 관하여 언급하였다. 우리의 종교인 도교에서는 "텅 빔을 성취하라"고 표현하듯이, 성性과 명命을 완성하기 위해서 전체 작업을 정하고 있다. 제 종교의 가르침은, 모두 죽음에서 벗어나서 생명이 있는 곳으로 진입하기 위하여 정신의 선약을 발견한다는 하나의 문장으로 일관되게 가르치고 있다. 그러면 어디에 이런 정신적 선약이 있는가? 말하자면: 언제나 의도 없음의 상태心空에서 지내는 것이다. 주어져 있는 목욕의 내밀한 가르침은 작업에 있어서 오로지 심장을 텅 비게 만드는 것에 한정한다. 우리는 그것을 겪어내어야 한다. 굳이 누설하자면 그것은 오랫동안 공들여서 가꾸어온 것의 결실이다.

만약 그에 대하여 아직 분명하지 않다면, 한 장에 모두 세 장이 함께할 수 있으므로, 나는 텅 빔空, 가상假, 중심中으로 이루어진 세 겹의 불교적 관상을 설명해야겠다.

세 관상 중 첫째는 텅 빔이다. 우리는 모든 사물을 텅 빈 것으로 바라본다. 그다음에는 가상이 이어진다. 비록 그것이 텅 빈 것임을 알지만, 그래서 사람이 그것을 파괴하는 것이 아니고, 그 텅 빔의 가운데서 자신의 업무를 계속해내는 것이다. 그러나 그 사물을 파괴하지는 않지만, 또한 사물로서 보지 않는 것이기도 하다: 이것이 중심의 관상中觀이다. 텅 빔의 관상에 노력하는 동안 수천의 사물들을 파괴할 수도 없지만, 또한 그것을 사물로서 보지 않는다는 것도 알게 된다. 이러한 방식으로 세 가지 관상이 함께하는 것이다. 그러나 결과적으로 텅 빔의 바라보기空觀에서 굳건한 태도가 생겨난다. 이로써 텅 빔의 관상을 애쓰면 텅 빔은 확실시되고, 가상은 실제적 가상이 된다. 그러나 또한 그 텅 빔이 가상이다. 그 중심 또한 가상이다. 중심의 길에 있어서 텅 빔의 상들이 생산되지만, 이제 그것은 비었다고 부르지 않고 중심적이라고 부르게 된다. 가관假觀을 가꾸면 그것을 또한 가상이라 부르지 않고 중심적이라 부른다. 중심을 관계하는 것이라면 이제 더이상 말할 것도 없을 것이다.

이 장에는 더 자유롭게 나아가기, 즉 소요逍遙의 묘법을 다루고 있다. 무無에서 어떤 것이 생성되는데, 거기에 그 미묘한 비법이 있음을 말하고 있다. 정신과 기운은 서로 합쳐서 결정체가 되기 때문에, 시간이 경과하면 무인 텅 빔의 가운데 참된 불의 한 점이 형성된다. 이때에 정신이 고요하면 할수록 불은 더욱더 밝아진다. 불의 밝음은 여섯번째 달의 태양열과 비교된다. 타오르는 불은 감坎의 물을 김이 나게 만들고, 물의 열기는 데워진다. 만약 비등점을 넘어서면 드높이 흩날리는 눈처럼 상승한다; 바로 이것이 여섯번째 달에 눈이 흩날리는 것을 본다는 것을 의미한다. 그러나 물이 불에 의해 기화하게 되면, 참된 기운氣이 야기된다; 만약 어두움이 고요하게 되면 밝음陽이 움직인다; 이는 자정의 상태와 비교된다. 이 때문에 스승들은 이 시기를 살아 있는 자정의 시간活子時이라고 하였다. 이때에 이르러 의도적으로 기운에 영향력을 가할 수 있다. 말하자면 기운이 역방향으로 상승하고 순방향으로 내려오게 하는데, 이는 마치 태양류가 상승하면서 구르는 것과 같다. 그래서 "삼경 즈음에 일양一陽이 환하게 빛나는 것을 보게 된다". 생명의 문에 불을 댕기기 위해서 회전시키는 방법은 호흡에 관계하도록 한다; 그것을 통해서 참된 기운이 근원적 장소에서 생겨난다.

말하자면 물속에서 바람이 일게 된다. 선천先天의 기운에서 후천後天의 들숨과 날숨 및 그에 따라 작용하고 있는 기운이 발전해나간다.

도는 선골Kreuzbein, 仙骨에서부터 위로 향하게 역행 방식으로 건乾의 정점에 이르도록 하고, 그래서 건의 집乾宮을 관통하게 한다; 그러고 나서 계속해서 태양총에서 순방향의 방식으로 두 개의 층을 통해서 지나가서 그 신경총을 따뜻하게 데운다. 이것을 "천상에서 변화하면서 곤坤의 정신력을 먹는다"라고 표현한다. 참된 기운을 텅 빈 공간으로 되돌리려 하기 때문에 시간이 지나면 기운과 형상은 풍부해지고 충만해지며, 몸과 심장은 유쾌하고 가볍게 된다. 만약 바퀴를 돌리는 작업을 통해 가르침에 이르지 않는다면, 어찌 자유롭게 나아가기(소요)에 성공할 수 있겠는가? 작업에 성공하면 정신의 불에서 결정체가 된 정신이 되돌려 비추고 가장 고요한 상태에 이르게 되어 텅 빈 동굴 속, '물의 가운데서 불을' 피운다. 이 때문에 '묘법 중에서도 가장 내밀한 묘법'이라고 하는 것이다: 그곳은 그 어느 곳도 아니라, 바로 진정한 고향眞宅이다. 제자들이 수행 작업에 있으면, 이미 그 비밀스러운 영역에 발을 들여놓은 것이다; 그러나 그렇게 녹이는 방법을 모르면 생명의 선약에 이르기 어려울 것이기 때문에 심히 걱정이 된다고 한다. 이 때문에 스승은 앞선 선인들이 강력히 지키고 보전한 비법을 전수하려 한다. 제자들이 기운의 동굴氣穴의 가운데서 결정체가 된 정신을 붙잡아두려 하고 최고의 고요한 상태를 유지하면, 어둠 속에서, 즉 무에서 어떤 것이 생겨나는데, 말하자면 위대한 하나의 황금꽃이 나타난다. 이때에 의식의 빛이 본성의 빛性光과 구분된다. 그래서 "외부 사물에 의해 야기되어 움직인다면, 순행적으로 밖을 향해 내달리게 되고, 한 인간을 탄생시킨다! 이것은 의식의 빛이다"라고 하는 것이다. 만약에 제자가 참된 기운을 충분히 모으면, 참된 기운은 순행적으로 밖으로 내달리지 않고 역행하게 되는데, 그것이 바로 생명의 빛이 된다; 사람들은 물의 바퀴를 돌리는 방식을 적용해야 한다. 계속 그렇게 돌리노라면 참된 기운이 한 방울 한 방울 근원으로 향하게 된다. 물의 바퀴를 계속 돌리면 몸은 순수하게 되고, 기운은 신선하게 된다. 한 바퀴 회전을 천상의 원환주행이라고 하는데, 스승인 구조邱祖는 이를 소주행小周天이라고 불렀다. 만약 그 기운이 충분히 모여들도록 기다리지 않는다면, 그것이 지나치게 부드럽거나 유약하여 선약을 형성하지 않게 된다. 기운이 거기에 머물러 있으나 그것을 이용하지 않는다면, 그것은 너무도 낡고 탄력이 없어서 선약에 이르기 어렵게 된다. 기운이 너무 낡지도 너무 부드럽지도 않아야, 선약을 이루려는 의도가 제때에 기운을 이용하게 된다. 이것이 붓다가 말하는 "그 현상은 텅 빔으로 통하게 된다"고 하는 것이다. 이것은 씨앗이 그 기운에 이르도록 하는 승화인 것이다. 제자가 이런 원칙을 이해하지 못하고 순행 방향으로 내달리게 한다면 씨앗 속의 기운은 변화되고 만다: 이를 "텅 빔이 현상으로 통하게 된다"고 표현한다. 그러나 한 남자가 실제로 육체적으로 아내와 결합하면 우선은 쾌락적이지만, 곧이어 괴로움을 맛보게 된다; 씨앗이 방출됨으로써 몸은 무거워지고 정신은 해이해지고 만다. 스승이 정신과 기운을 하나로 합치게 될 수 있다면, 위의 상황과는 완전히 달라진다. 먼저 순수함이 생겨난 다음 더 생생하게 된다; 씨앗은 역행을 하게 되어 몸이 쾌적하고 자유롭다. 팽조彭祖가 그의 삶을 부양해주는 소녀를 이용해 880세까지 살았다는 이야기가 세상에 전해져왔다; 이는 전적으로 오해다. 실제로 그는 정신과 기운을 승화하는 방법을 사용하였다. 선약을 구하는 데 대부분 상징을 사용하게 되고, 이괘의 불은 신부와 비교되고 감괘의 물은 영원한 소년Puer

황금꽃의 비밀

aeternus과 비교된다: 그래서 팽조가 자신의 남성성을 여성성으로 대체했다는 오해가 생겨난 것이다. 그것은 전부 후대에 퍼진 잘못된 이야기이다.

그러나 스승은 제대로 의도를 갖고 사태에 머무른다면 감괘와 이괘를 전복시킬 방법을 동원할 수 있었다. 그렇지 않다면 그 혼합이 결코 제대로 순수하게 작용하지 않게 된다. 참된 뜻은 대지의 관할하에 있게 된다. 대지의 색은 노랑이다: 그 때문에 대지는 생명의 선약을 다루는 책에서 황색의 싹黃芽으로 상징화하였다. 감과 이가 서로 결합하면 황금의 꽃이 생겨나는데, 황금색은 하얗게 빛난다; 그 때문에 흰 눈이 상징으로 쓰였다. 그러나 세상 사람들은 생명의 선약을 다루는 책의 비밀스러운 언어적 표현을 이해하지 못하므로, 당연히 노랗다거나 하얗다는 것을 이해하지 못한다. 그것을 돌로 금을 만드는 수단으로 여기고 있을 뿐이다. 이것이 어찌 어리석지 않겠는가?

옛 스승은 이렇게 말씀하셨다: "예전에는 각 학교마다 이런 귀중한 것을 알고 있었고, 다만 어리석은 자만이 그것을 제대로 알지 못했다." 이것을 잘 생각해보면 옛사람들은 어떤 종류의 선약을 삼킴으로써가 아니라, 실제로 자신들의 몸에 내재하고 있는 배아의 기운에 힘입어 장수를 누릴 수 있었음을 알 수 있다. 그러나 세상 사람들은 나무의 뿌리를 상실하였고 우듬지에 있는 것과 같이 돼버렸다. 선약에 관한 책은 다음과 같이 말한다: "만약 제대로 된 사람(백색의 마술사)이 잘못된 수단의 도움을 받더라도 그 잘못된 수단은 제대로 작용한다." 이는 배아의 역행이 기운 속에 있음을 의미한다. "잘못된 사람이 제대로 된 수단을 동원하더라도 그 제대로 된 수단은 잘못 작용한다." 이는 남성과 여성이 육체적으로 결합하고, 그들에게서 실제의 아들과 딸들이 생겨난다는 것을 의미한다. 바보는 육체의 가장 소중한 것을 통제 못하여 쾌락으로

다 써버리기 때문에 자신의 배아의 기운을 전혀 지키지 못한다. 그래서 그 기운이 다하면 몸도 소멸하고 만다. 성인들과 현자들은 생명을 돌보는 별다른 방법을 가지고 있지 않다. 오로지 쾌락을 끊고 배아를 지키는 데 주력하는 것이다. 꾸준히 모은 배아는 기운으로 변환되고, 그것이 충분해지면 창조적으로 강인한 봄을 창조한다. 보통의 인간과 구분되는 점은 오로지 순행이나 역행이라는 적용에 기인한다.

이 장의 전체 요지는 제자들에게 생명의 대면에서의 기름 채우기 방법을 분명하게 밝히는 데 있다. 이때 주요점은 두 눈이다. 두 눈은 극의 중심이 되는 성좌(북극성)의 손잡이인 것이다. 하늘이 극의 중심이 되는 성좌(북극성) 둘레를 돌듯이, 인간에게는 올바른 뜻正意이 바로 주인이다. 이 때문에 생명의 선약의 완성은 완전히 제대로 된 올바른 뜻의 조화에 기인한다. 만약 100일 내에 그 기초를 마련하게 하는 방법을 언급하자면 무엇보다도 작업의 부지런함과 체질의 강력한 정도를 고려해야 한다. 부지런히 작업하고 강한 체력을 갖고 있으면 이면에 흐르는 강의 물수레바퀴(수차)를 쉽게 돌릴 수 있게 된다. 생각과 기운을 서로 조화롭게 맞추는 방법을 발견한 사람은 100일 이내에 선약을 완성할 수 있다. 취약하고 태만한 사람은 100일이 지나도 여전히 그 상태에 도달하기 어렵다. 만약 선약이 완성되면 정신과 기운은 순수하고 맑게 되고 심장은 텅 비게 되고 본성은 확실하게 드러난다. 그래서 의식의 빛은 본성의 빛으로 변환하게 된다. 그리고 이 본성의 빛을 계속 유지한다면 감괘와 이괘가 스스로 관계를 한다. 그래서 감괘와 이괘가 서로 혼합되면 신성한 열매가 매달린다. 신성한 열매의 성숙은 위대한 천상의 주행大周天의 작용에 의한 것이다. 계속되는 과정은 천상의 주행의 방법에서 이루어지는 것이다.

황금꽃의 비밀

이 책은 생명을 키우기 위한 방법을 다루었고, 무엇보다 우선적으로 콧등을 바라봄이 어떻게 도움이 되는지를 제시하였다; 이제부터는 방향을 전환하는 방법을 제시하는데, 다른 저작(『속명방』)에서 소개하고 있는, 고정하고 내버려 두게 하는 방법이다.

# 유화양의 『혜명경』

## 의식과 생명性命에 관한 책

### 1. 새어나가는 것을 멈추게 하는 법

당신이 새어나감 없이 이루어진 금강체를 완성하려면
의식과 생명의 뿌리를 부지런히 뜨겁게 달구어야 한다.
당신은 항상 가까이의 지복한 땅을 밝게 해야 한다.
그렇게 거기에서 항상 진정한 나眞我가 은밀히 숨어서 살게 하라.

(중국의 원본에는 그림이 있는데, 거기에 인간의 몸통이 표현되어 있다. 몸의 가운데, 그 아래쪽에 싹과 같은 세포가 그려져 있다. 이는 생명의 문이 의식의 문과 서로 떨어져 있음을 보여준다. 그 사이에 외부로 향한 통로가 열려 있고, 그것을 통해서 생명의 수액이 빠져나가게 된다.)

도道에 관한 가장 내밀한 비법은 성性과 명命이다. 성과 명을 기르고 합치기 위해서, 그 둘이 하나로 통합되도록 되돌리는 것보다 더 나은 수단은 없다. 옛 성인들, 그리고 현자들은 외부세계의 형상들 가운데에서도 특히 성과 명을 통합시키는 생각을 가르쳤다; 그들은 비유 없이 마음놓고 그것에 대해 이야기하는 것을 꺼렸다. 그 때문에 그 둘을 기르는 비법은 땅속에 묻혀버리듯 잊히기에 이르렀다. 여기서 일련의 그림들을 통하여 보여주려는 것은 그 비법에 대한 가벼운 의미의 누설은 아니다. 오히려 새어나감을 멈추게 하는 것에 관해 다루고 있는 『능엄경』의 묘사와 『화엄경』의 비법에 관한 참된 묘사를 통합적으로 이해하기 위해 한데 모아서 제시함으로써, 의식과 생명이 바로 배아주머니라는 점을 분명히 이해할 수 있게 될 것이다. 내가 이러한 그림을 제시하는 이유는, 같은 노력을 하고 있는 사람들이 그 둘을 기르는 천상의 동력 장치를 인식하게 함으로써, 이런 방식으로 참다운 배아가 자라나게 하고, 이런 방식으로 새어나감을 멈추게 할 수 있고, 이런 방식으로 사리[1]가 형성되고, 이런 방식으로 위대한 도를 완수하게 될 것이기 때문이다.

이 배아주머니는 비가시적인 동굴竅인데, 이것은 아직 형상을 갖고 있지 않다. 생명의 호흡이 일어나면 이 주머니의 배아가 생겨나고, 생명의 호흡이 중단되면 배아도 다시 사라지고 만다. 이 주머니는 진리가 숨어 있는 장소이고, 의식과 생명이 차려져 있는 제단이다. 그것은 바다 밑 용궁, 설산의 변경이라고 하거나, 서쪽, 근원적 통로, 가장 지복한 영토, 무

---

1 S'aria. 변하지 않는, 즉 불사의 몸체.

한의 땅 등으로 불린다. 이런 여러 이름들은 모두 배아주머니를 나타내는 것이다. 만약 죽음을 맞이해야 하는 범인들이 이 배아의 장소를 모른다면, 수천 번 태어나고 수만 년의 세월이 흘러도 의식과 생명을 하나로 하는 것을 발견할 수 없게 된다.

이 같은 배아의 점은 아주 대단한 것이다. 이런 우리의 몸이 부모로부터 태어나기 전, 수태의 시기에 보면 이런 배아의 점이 먼저 생겨나고, 성과 명이 그 안에 살게 된다. 그 둘은 서로 섞여서 통일체를 이루고 있다. 불에 달구어진 화로 속 불씨처럼 나누어지지 않고 혼합되어 있는 것이다. 이는 근원적 조화와 천상의 법칙성의 관계를 나타낸다. 그래서 다음과 같이 말한다: "현상이 드러나기 전의 상태에는 절대로 소모되는 호흡이 없다." 더 나아가서 다음과 같이 말한다: "부모가 아이를 낳기 전 생명의 호흡은 충만하고 몸의 태아는 완전하다." 만약 몸이 움직이고 태아의 주머니가 찢어지면, 이는 마치 아주 높은 산에서 발판을 상실하고 아래로 떨어지는 것과 같은 상태가 된다: 응아 하는 울음과 함께 땅으로 떨어지는 것이고, 성과 명은 그때부터 서로 나누어지게 된다. 이 시기부터 본성性은 생명命을, 생명은 본성을 더이상 보고 싶어하지 않게 된다. 이제 운명은 각자 자신의 행로를 취하게 된다: 청년기에서 장년기로, 장년기에서 노년기로, 노년기에서 재로 변해 사라질 뿐이다.

이 때문에 여래[2]는 자신의 위대한 자비심으로 그것을 밝히고 녹이는 비법을 알게 해주려 하셨다. 그는 사람들에게 다시 모성의 몸으로 되돌아가

---

2  여래如來는 산스크리트어로 타타가타Tathâgata이다.

서 자아의 성과 명을 새롭게 생산하라는 가르침을 주셨다; 그는 진리의 열매가 완성되도록, 어떻게 정신과 심혼(생명의 호흡)이 이 배아주머니에 들어가고, 하나로 합치게 할 수 있는지를 보여주려는 것이다. 이는 몸의 태아를 완성하기 위해 어머니와 아버지의 배아와 심혼[3]이 이 배아주머니 속으로 들어가서 하나로 합치는 것을 의미한다. 이 원칙은 같은 것이다.

배아주머니 내부에는 지배자의 불이 있다. 이 주머니의 입구에는 관리하는 신하의 불이 있다. 몸 전체에는 백성의 불이 있다. 지배자의 불이 나타나면, 그것은 관리하는 신하의 불에 의하여 수용된다. 만약 신하의 불이 움직이면 백성의 불도 뒤따라 움직인다. 이 세 불이 차례로 모습을 드러내면 한 인간이 태어난다. 그러나 이 세 불이 그와는 반대로 차례로 되돌아가게 되면 도가 생성된다.

이 때문에 배아주머니에서 새어나감을 멈추게 되면 모든 현자들이 각자의 작업을 시작한다. 사람들에게 이런 길이 아니라 다른 것을 제시한다면, 아무 소용이 없을 것이다. 그래서 모든 학파와 종파의 사람들이 배아주머니에 의식과 생명을 지배하는 원칙이 있다는 것을 모르고 외부에서 무엇인가를 구하려 한다면, 어떤 노력을 하더라도 밖에서 발견하는 것은 전혀 성취에 이르지 못한 것이 될 것이다.

---

3  배아, 즉 정精은 남성의 생식력(정자)을 의미하고, 심혼, 즉 기氣는 여성적 수용력을 의미한다.

## 2. 올바른 원환주행의 여섯 단계(계절)

만약 붓다의 출발이 된 길을 구분해본다면
서쪽의 지복한 도시가 나타나게 된다.
올바른 원환주행에 따라 숨을 들이쉴 때 천상을 향하여 드높이 오른다.
숨을 내쉴 때는 대지의 기운이 머물게 된다.
한순간의 시간은 여섯 계절로 이루어져 있다.
두 개의 기간에 석가모니를 만난다.
위대한 도는 중심에서 생겨난다.
근원적 태아를 밖에서 찾지 마라!
도의 놀라움은 오로지 올바른 원환주행이다.
그 움직임을 소모되지 않게 하는 것은 바로 그 정해진 궤도이다.
그 속도가 최상으로 조절하는 것은 조화로운 리듬氣이다.
그 훈련의 수를 최상으로 정하게 되는 것은 단계(계절候)의 방법이다.


위의 묘사는 완전한 법칙과 서쪽에서 오는 존재(즉 붓다)의 참된 상태가 거기에 내포되어 있음을 제시하고 있다. 그 자체 포함되어 있는 비법은 어떻게 들숨과 날숨에 의해 출입을 구체화하는지, 어떻게 감소와 증가의 교체가 열리고 닫히는 것을 알리고 있는지, 길에서 벗어나지 않도록 어떻게 참된 생각을 요청해야 하는지, 제때에 시작하고 끝내기 위하여 어떻게 영역에서 확실한 경계 짓기를 가능하게 할 것인지를 가르쳐준다.

나는 나를 기꺼이 희생하고 인간을 유익하게 하고자 한다. 왜냐하면 이런 묘사를 완전히 표현하려 하였기 때문이다. 천상적 태아를 완전히 내세워서, 문외한과 세상 사람들이 모두 그것에 도달하고, 그래서 완성에 이를 수 있게 하려는 것이다. 그러나 올바른 품성을 가지지 않은 자는 저절로 그러한 작업에서 동떨어진 것이 드러나는데, 천상은 그에게 그의 도를 베풀지 않을 것이다. 왜 그렇게 되겠는가? 진정으로 내면이 풍요롭다면, 도에 속하는 것이다. 이는 새의 날개가 어떤 다른 것에 속하는 것과도 같다: 만약 하나가 부족하면 또한 다른 것도 소용이 없는 것이다. 이 때문에 신뢰, 경외심, 자비, 공평함, 충성이라는 다섯 가지 계명[4]이 요구된다; 그런 다음에야 비로소 어떤 것에 도달할 전망을 가진다. 그러나 이 책에서 다루고 있는 모든 미묘하고도 비밀스러운 가르침은 의식과 생명에 관해 조심하고 숙고하게 하여 모든 것이 진리 안에서 이루어지도록 하려는 것이다.

## 3. 기능과 조정으로 나타나는 두 기운氣의 궤도脈

근원적 관문(경계 지점), 즉 늘리고 줄일 수 있는 길이 드러난다.
제대로 된 원환주행의 아래쪽에 백색의 궤도百脈가 있음을 잊지 마라!
언제나 불을 통하여 영원한 생명의 동굴長生窟이 유지되게 하라.
아! 빛나는 진주는 불명의 관문을 알아보도다!

---

**4** 불교의 다섯 계명: 1. 살생하지 말 것, 2. 도둑질하지 말 것, 3. 간음하지 말 것, 4. 거짓말하지 말 것, 5. 고기를 먹지 말 것.

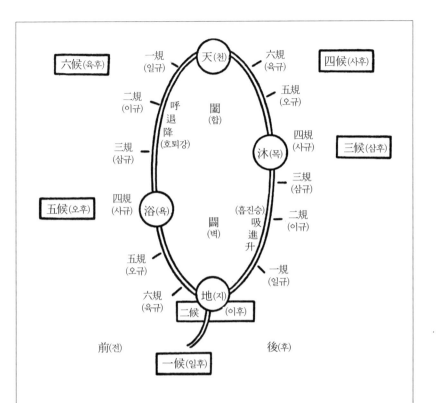

편집자의 주석

위의 그림은 기氣의 흐름이 호흡을 하는 동안 원환주행을 하고 있음을 보여준다. 일상적인 호흡을 할 때, 들숨은 하체의 하강과 관계하고, 날숨은 하체의 상승과 관계하는 반면, 수행을 할 때는 숨을 들이쉬면서 하부의 기운의 문을 열어, 그 기운이 후방 기운의 궤도脈를 따르게 하여 높이 상승하게 하는 방식으로 역행적 운동을 다룬다. 이는 표기된 각 시기들로 드러난다. 숨을 내쉬면서는 상부의 문을 닫고 전방 궤도에 있는 기운의 흐름을 아래로 흐르도록 하는데, 이것도 마찬가지로 표시된 시기대로 정렬하여 나타난다; 더 나아가서 '정화沐'와 '목욕浴'에 해당하는 곳은 궤도의 정중앙에 놓이는 것이 아니라, '정화'는 약간 위로, '목욕'은 약간 아래로 치우치게 하여 마치 그 표시에서 비롯된 것으로 보이게 한다.

(여기서 텍스트는 앞서 제시한 그림과 매우 비슷한 다른 그림들을 좀더 제시한다. 이것은 기운의 궤도脈를 다시 한번 보여준다. 전면의, 앞쪽을 향해 달리는 궤도가 기능의 궤도 임맥任脈이고, 후면의, 뒤쪽을 향해 달리는 궤도가 조정의 궤도 독맥督脈이다.)

이 그림은 앞에 제시한 것과 같은 것이다. 내가 이것을 한번 더 제시하는 이유는 도를 기르는 데 주력하고 있는 사람들에게 자신의 몸 안에 하나의 제대로 된 원환주행이 있음을 인식하게 해주려는 것이다. 이 때문에 나는 도달하고자 하는 목표를 설명하기 위하여 위의 그림을 제시한다. 두 개의 궤도(기능하는 것과 조정하는 것)가 통과하여 서로 연결되게 하는 데 성공한다면 모든 기운의 궤도가 연결된다. 이는 노루가 조정하는 기운의 궤도任脈를 닫기 위해서 꼬리에다 코를 대고 잠드는 것에 해당한다. 학과 거북이는 기능하고 있는 궤도督脈를 봉쇄한다. 이 때문에 이 세 짐승은 천년을 사는 것이다. 인간도 그렇게 할 수 있다! 도를 기르는 데에 전적으로 열중하는 사람은 의식과 생명을 원환으로 돌리기 위해 제대로 된 원환주행을 작용시키게 되는데, 이런 사람은 자신의 생명을 연장할 수 있을지나 자신의 궤도를 완전히 다 돌릴 수 있을지에 대해 전혀 염려할 필요가 없다.

## 4. 도道의 태아

법칙에 따라 전혀 힘들이지 않고 부지런히 빛으로 채워야만 한다.

형상을 잊은 듯이, 내면을 살피고 진정한 정신력을 도우라!

열 달 동안 불 속에 도道의 태아가 생겨난다.

일 년 후 정화와 목욕은 따뜻하게 만든다.


이 묘사는 『능엄경』의 원본에 들어 있는 것이다. 그러나 정통하지 않은 승려가 미묘한 도의 의미를 모르고, 도의 태아에 대해서도 전혀 의식하지 못한 탓에, 근본적으로 이 그림을 제외시키는 잘못을 저질렀다. 스승의 해명에 의하여, 비로소 나는 여래가 도의 태아에 관한 실제적 작업을 꿰뚫고 있었다는 것을 알게 되었다. 이 태아는 신체적으로 보여질 수 있는 것이 아니고, 다른 본성에 의해서 완성되는 것도 아니다. 오히려 그것은 실제적으로 자아의 정신적 호흡력인 것이다. 우선 정신이 호흡력(심혼)에 진입해야 한다. 그렇게 되면 이 호흡력이 정신을 둘러싸게 된다. 정신과 호흡력이 단단히 결합하고, 그래서 정신이 고요해지고 움직이지 않게 되면: 이것을 태아라고 하는 것이다. 호흡력이 결정체가 되어야 하고, 그러면 비로소 정신은 작용할 능력을 갖출 것이다. 이 때문에 『능엄경』에서는 "모성적으로 되어 잠을 깨고 대답하는 것을 유지하는 것"이라고 한다. 이 두 기운은 서로 기르고 강화시킨다. 그래서 "매일 성장하게 된다"고 한다. 만약 그 기운이 충분히 강하고 태아가 둥글게 충만해지면, 태아는 정수리에서 등장하게 된다. 이것은 다음과 같이 표현된다: 완성된 형상으로 태아로서 등장한 것이고, 붓다의 아들로서 스스로 생산하게 된 것이다.

## 5. 결실의 탄생

몸밖에 또하나의 몸이 있다. 그것은 부처의 형상이다.
상념은 강력하다. 상념에서 벗어남은 보살이다.
수천 잎의 연꽃이 피어나고, 호흡력에 의해 변환한다.
백 가지로 펼쳐진 장관은 정신의 결정체를 도구로 하여 눈부시게 빛난
다.

「능엄주楞嚴呪」에 다음과 같이 쓰여 있다: "그때에 이르면 세계의 지배
자가 자신의 머리 묶음에서 백 가지의 귀중한 광채를 뿜어낸다." 이 광채
의 가운데 수천 잎의 귀중한 연꽃이 피어난다. 그래서 바로 그때 변환한
여래가 귀중한 연꽃의 가운데 앉아 있고, 그 정수리로부터 열 개의 희고
밝은 빛의 광선이 뻗어나가서, 어디서든 그것을 볼 수 있게 된다. 많은 사
람들이 뿜어나오는 빛을 향해 높이 올려다보게 되고, 그래서 여래께서
"신적 가르침은 밝게 빛나는 정신의 현현이다. 그러므로 그의 이름은 바
로 붓다의 아들이다"라고 알려주셨다. 만약에 의식과 생명의 가르침을 받
아들이지 않고 오로지 무미건조하고 고독한 명상적 주문만 읊조린다면,
어찌 자신의 몸에서 여래가 생겨나겠으며, 어찌 환한 연꽃 속에 앉아 밝
게 빛나면서 자신의 정신의 몸으로 나타나겠는가! 많은 사람들이 빛의 정
신은 아주 사소한 가르침이라고 한다; 그러나 세계의 지배자로부터 얻게
되는 것이 어찌 사소한 가르침이라 하겠는가? 나는 여기서 미래의 젊은
이들을 가르치기 위해 감히 능엄의 가장 내밀한 비밀을 누설했다. 이 길

을 기꺼이 넘겨받는 자는 즉시 미묘한 가르침에 이르고 더이상 일상의 티끌 속으로 잠기지 않을 것이다.


## 6. 변환된 몸의 보존에 관하여

매번의 부분적 생각은 형상을 획득하고, 그래서 색채와 형태로서 모습을 드러낸다.

총체적 심혼의 힘은 그 자신의 흔적을 펼쳐내어 텅 빈 공간으로 바뀐다.

존재로 등장했다가는 비존재로 되돌아가면서 미묘한 도를 완성한다.

나누어진 모든 형상들은 신체로서 나타나지만, 그것은 하나의 진정한 근원과 연결되어 있다.


## 7. 벽을 향하여 바라보기

정신의 불을 통해 형성된 형상들은 단지 투명한 색채와 형태이다.

본성性의 빛은 근원적인 것, 참된 것을 되돌려 비춘다.

심장心의 새김은 공간에서 떠돌고, 달빛이 순수하게 빛난다.

생명의 조각배는 강가에 닿아, 태양빛을 환하게 비춘다.

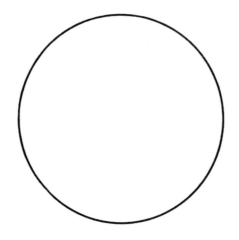

## 8. 텅 빈 무궁함

생성도 없고, 사라짐도 없고,

과거도 없고, 미래도 없다.

환하게 빛나는 것이 정신의 세계를 둘러싼다.

서로를 완전히 잊으니, 고요하고 순수하고, 온전히 힘있고 텅 빈 상태에 이른다.

텅 빔虛空은 하늘의 심장天心의 광채로 가득 채운다.

바닷물은 빛나고, 그 표면에 달의 얼굴을 비춘다.

구름은 푸른 하늘로 사라진다.

산은 청명하게 빛난다.

의식은 이를 바라보면서 소멸된다.

달의 둥근 테두리만 남아 머무는구나.

　　　　　　　　　　　　　　황금꽃의 비밀

옮긴이 **이유경**李裕瓊

홍익대학교 대학원 미학과에서 석사 및 박사과정을 졸업하고 철학박사 학위를 받았다. 스위스 취리히 대학교에서 철학, 민속학, 심리학을 공부했으며, 취리히 융 연구소C. G. Jung Institute를 졸업하여 국제 융학파 정신분석가 자격을 취득했다(1995). 현재 정신분석가로서 분석심리학연구소를 운영하고 있다. 지은 책으로『원형과 신화』『한국 민담의 여성상』이 있고, 옮긴 책으로『연금술에서 본 구원의 관념』(융 기본 저작집 6),『영웅과 어머니 원형』(융 기본 저작집 8),『의식의 기원사』『민담의 모성상』등이 있으며,「동양의 연금술」「서양의 연금술」등 다수의 분석심리학적 논문을 발표했다.

## 황금꽃의 비밀
중국의 생명의 책

1판 1쇄 2014년 2월 22일
1판 5쇄 2024년 8월 20일

지은이 카를 구스타프 융, 리하르트 빌헬름 | 옮긴이 이유경

책임편집 장영선 | 편집 오경철 | 독자모니터 임현욱
디자인 윤종윤 이주영 | 저작권 박지영 형소진 최은진 오서영
마케팅 정민호 서지화 한민아 이민경 안남영 왕지경 정경주 김수인 김혜원 김하연 김예진
브랜딩 함유지 함근아 박민재 김희숙 이송이 박다솔 조다현 정승민 배진성
제작 강신은 김동욱 이순호 | 제작처 한영문화사(인쇄) 경일제책(제본)

펴낸곳 (주)문학동네 | 펴낸이 김소영
출판등록 1993년 10월 22일 제2003-000045호
주소 10881 경기도 파주시 회동길 210
전자우편 editor@munhak.com | 대표전화 031)955-8888 | 팩스 031)955-8855
문의전화 031)955-3576(마케팅), 031)955-3572(편집)
문학동네카페 http://cafe.naver.com/mhdn
인스타그램 @munhakdongne | 트위터 @munhakdongne
북클럽문학동네 http://bookclubmunhak.com

ISBN 978-89-546-2402-2 03150

**www.munhak.com**